Michel Houyoux

Les deux voies

Michel Houyoux

Les deux voies

Choisis le chemin de la Vie. Pour être disciple de Jésus, il nous faut marcher derrière lui, suivre le même chemin

Éditions Croix du Salut

Imprint

Any brand names and product names mentioned in this book are subject to trademark, brand or patent protection and are trademarks or registered trademarks of their respective holders. The use of brand names, product names, common names, trade names, product descriptions etc. even without a particular marking in this work is in no way to be construed to mean that such names may be regarded as unrestricted in respect of trademark and brand protection legislation and could thus be used by anyone.

Cover image: www.ingimage.com

Publisher:
Éditions Croix du Salut
is a trademark of
International Book Market Service Ltd., member of OmniScriptum Publishing Group
17 Meldrum Street, Beau Bassin 71504, Mauritius

ISBN: 978-3-8416-9872-8

Copyright © Michel Houyoux
Copyright © 2013 International Book Market Service Ltd., member of OmniScriptum Publishing Group

MICHEL HOUYOUX
Diacre permanent

Les deux voies

Choisis le chemin de la Vie. Pour être disciple de Jésus, marche derrière Lui.

Suis le même chemin !

" Si quelqu'un reste fidèle à ma parole, il ne verra jamais la mort."

Jn 8, 51

Du même auteur :

* *Rencontre avec la Parole de Vie : Esprit et Vie*

Éditions Croix du Salut, 9 juillet 2012

* *Rencontre avec la Parole de Vie : Source d'amour*

Éditions Croix du Salut, 16 juillet 2012

* *Rencontre avec la Parole de Vie : Parole de Dieu*

Éditions Croix du Salut, 17 juillet 2012

Table des matières

Préface 5
Choisis la Vie afin que tu vives 11
    Introduction 11
    Étude d'un extrait du Deutéronome au chapitre 30, versets 15 à 20 13
    Place du texte dans la liturgie 24
    Pour une Lectio divina en groupe à partir de ce texte 25
    Questions et pistes de réflexion : catéchèse et visites de malades 26
    Documents et ouvrages consultés 29
Il est spacieux le chemin qui mène à la perdition 31
    La déchéance d'Adam et Ève 31
    L'assassinat d'Abel et la punition de Caïn 36
    Le déluge, la punition d'un peuple infidèle et méchant 39
    La trahison de Judas et sa chute 40
    La perdition éternelle 42
Question brûlante : n'y aurait-il que peu de gens à être sauvés ? 48
L'annonce du Royaume 62
    Une puissance de vie 62
    Convertissez-vous, car le Royaume des cieux est proche 63
    Prendre l'appel du Christ au sérieux et désirer le suivre 64
    Choisissez aujourd'hui qui vous voulez servir ! 67
    N'ayez pas peur ! 69
    Le festin des noces 73
    Les ouvriers de la dernière heure 76
    Le Royaume des cieux est comparable à un trésor enfoui dans un champ 80
    Une nouvelle naissance 82
    Un changement de vie est toujours possible 85
    Quelques changements radicaux de vie 88
    Le pauvre Lazare et l'homme riche 93
Visa pour le Royaume des cieux 97
    Je vous donne un commandement nouveau 97
    Heureux…, … Heureux…, Heureux… ! 99
    Pauvreté, humilité et douceur pour demeurer en Dieu 104
La Vie après la vie 107
    Christ est ressuscité ! Alléluia ! 107
    Après la résurrection les hommes seront immortels, semblables aux anges .. 111
    L'Agneau sera leur pasteur pour les conduire vers les eaux de la source de vie. .. 113

Je crois à la Vie après la vie	114
Je crois en la résurrection de la chair	118
Investissons pour l'éternité	120
Annexes	***125***
Diacres et diaconat	125
Diacres permanents	127
Le diacre dans la liturgie	130
Le diacre et la messe	132
Diaconat et diacres sur le Web	133
Catéchèse	134
Liturgie	134
Bibles en ligne	134
Remerciements	135

Préface

Dans un entretien accordé à KTO (31-05-2013), Monsieur l'abbé Danny-Pierre Hillewaert, aujourd'hui curé de plusieurs paroisses de Tournai en Belgique, évoque ce qui l'a marqué au début de son ministère sacerdotal : " Comme jeune vicaire, j'ai dû enterrer deux jeunes qui s'étaient suicidés, et où je me suis rendu compte qu'annoncer l'Evangile, c'était pas juste remplir des églises ou quoi, mais que c'était une question de vie ou de mort. "

" Choisis le chemin de la vie " (Dt 30, 19). Certains de nos contemporains ne trouvent plus de sens à leur vie, hélas ! Ils cherchent à être heureux sans se rendre compte que le bonheur est le retentissement intérieur d'une vie qui précisément a du sens. La priorité doit être le sens donné à sa vie : c'est ainsi qu'on la choisit vraiment. Mais où sont les sources de ce sens ? Michel Houyoux nous invite à nous ouvrir à l'Écriture Sainte, à la Parole du Seigneur, et à faire sérieusement des efforts en ce sens.

L'expérience humaine - qui apporte son lot de questions - nous encourage aussi à rechercher le sens. Je veux évoquer le poète wallon Julos Beaucarne qui écrivit lors de la naissance d'un de ses enfants :

Par quel hasard ce bel enfant	Par quelle fissure du temps
A survécu à toutes guerres	S'est-il glissé jusque maintenant
Guerre de Troie, guerre de Cent Ans	Défiant la mort, le fer, le vent
Échauffourées meurtrières ?	Hérode et les tueurs d'enfants ?

Quand je suis né, on a dit qu'il s'agissait d'un heureux événement ! Mais à y réfléchir, c'est depuis l'origine du monde qu'il y a eu une foule innombrable d'heureux événements pour que je sois là aujourd'hui. Toutes les créatures ont conspiré pour que je vive : par quelle fissure du temps me suis-je glissé depuis le big-bang jusqu'à maintenant. C'est vertigineux !

Les frères Bogdanov, souvent contestés à tort ou à raison, ont cependant l'appui de nobélisés lorsqu'ils constatent dans " Le visage de Dieu " p. 164 (Grasset 2010) que si la valeur de ce qu'on appelle [en physique] les 'constantes fondamentales' avaient été un tant soit peu différentes, l'homme, la vie et l'univers lui-même ne seraient jamais apparus. (…) Tout semble 'ajusté' comme si le cosmos entier, de l'atome à l'étoile, avait exactement les propriétés requises pour que l'homme puisse y faire son apparition. Oui, vraiment, tout l'univers a conspiré pour que je sois là !

Et maintenant que je suis là, ne suis-je qu'une bulle irisée qui va éclater et disparaître à jamais ? Ce n'est pas l'avis plein de bon sens d'Henri Salvador qui, dans sa dernière interview publiée dans le journal "Paris-Normandie" du 13 février 2008, déclarait : " Il n'y a aucune raison que tout ce 'machin' [l'univers matériel] tourne toujours et que, nous, on disparaisse. " Cette profonde intuition du chanteur, qui perçoit l'homme vivant comme plus grand que tout le cosmos, fait réfléchir : si l'amont de notre vie est vertigineux, l'aval qui ouvre sur l'Éternité l'est tout autant ! Évidemment, ces propos que je viens de rapporter ne sont pas des " preuves " que notre vie a un sens de toujours à toujours ; cependant, ils nous encouragent à le penser.

Pour les chrétiens, la source du sens donné à leur vie est la Parole du Père, celle qu'il nous adresse en la Personne de son Fils, le Verbe fait chair, et qu'il continue de répandre en nos cœurs par l'Esprit Saint (Jn 16, 13-15). Mais sont-ils prêts à faire effort pour s'ouvrir à Quelqu'un d'Autre qu'à eux-mêmes et à se mettre à son écoute priante ? La vie qu'il leur faut choisir est en effet celle que nous révèle et que veut nous donner le Ressuscité, Jésus Christ notre Seigneur.

" Si le Christ n'est pas ressuscité, vide alors est notre message, vide aussi votre foi " (1 Co 15, 14). Oui, notre foi serait vaine si elle ne s'enracinait pas dans la Résurrection. Apprenons de ce grand Mystère que Dieu invite chacun à vivre en homme debout sous son regard et à nous y aider les uns les autres.

* *

*

Les quatre Evangélistes commencent leur récit d'une manière analogue : au matin de Pâques, le tombeau du Christ est trouvé ouvert et vide : " Le premier jour de la semaine, à la pointe de l'aurore, [les femmes] allèrent à la tombe portant les aromates qu'elles avaient préparés. Elles trouvèrent la pierre roulée de devant le tombeau. Mais, étant entrées, elles ne trouvèrent pas le corps du Seigneur Jésus " (Lc 24, 1-3). Qu'est-il donc arrivé ? Marie Madeleine s'interroge – et par trois fois (Jn 20, 2.13.15) ! - sur l'endroit où l'on aurait pu déposer le corps de Jésus : elle est loin de songer spontanément à une "résurrection".

Le tombeau vide est en fait un double signe ; il nous apprend d'abord que "ressusciter " concerne le corps et ne peut pas être confondu avec l'immortalité de l'âme, chère à la pensée grecque. Mais il y a plus. Lors de sa discussion avec les Sadducéens, Jésus use d'un vocabulaire très simple qui présente notre résurrection comme le *passage* de " *ce monde-ci* " vers "*ce monde-là* " : la résurrection suppose un départ de ce monde-ci car elle est passage en Dieu. Au matin de Pâques, Jésus ne passe pas de " ce monde-ci " vers " ce monde-ci " : il ne se retrouve pas vivant biologique comme il l'était avant sa mort ! Bref, ressusciter n'est pas une " marche arrière" mais une "marche avant ", un progrès corporel. C'est un point qui mérite toute notre attention, car bien des objections à la foi chrétienne procèdent de cette idée fausse que " ressusciter ", ce serait sortir du tombeau et revenir à la vie biologique actuelle ! Non ! Les chrétiens ne sont pas aussi ridiculement simplistes !

Or ce qui frappe d'emblée dans les récits d'apparition, c'est que les disciples ne reconnaissent pas tout de suite le Christ. Par exemple, Marie Madeleine le prend pour un jardinier (Jn 20, 15). Jésus ressuscité est donc bien différent dans ses manifestations corporelles de ce qu'il était avant sa mort. Il peut se montrer sous des apparences diverses : " *sous d'autres traits*" comme saint Marc le note explicitement : "Après cela, il se manifesta *sous d'autres traits* à deux d'entre eux qui étaient en chemin et s'en allaient à la campagne " (Mc 16, 12).

On est incapable d'imaginer ce corps ressuscité, précisément parce qu'il est autre. Cependant, ce n'est pas le corps d'un autre : c'est bien lui, Jésus de Nazareth, qui s'est levé d'entre les morts. Aussi, quand le pèlerin bénit le pain, le rompit et le donna aux disciples à Emmaüs, " leurs yeux s'ouvrirent et ils le reconnurent " (Lc 24, 31).

À lire les Evangiles, on comprend bien que Jésus se donne à reconnaître, non pas à sa physionomie, mais par une parole, un geste, une attitude, bref par *un signe* qui rappelle sa vie d'avant sa mort - sa vie pré pascale. Tantôt, c'est sa manière familière d'interpeller Marie Madeleine ; tantôt c'est la " fraction du pain " instituée lors de la dernière Cène ; ce sont les plaies, rappel de sa Passion, ou la surabondance caractéristique de ses dons (vin à Cana, pains multipliés, ...).

Il est autre, mais ce n'est pas un autre : en fait, ce qui arrive au corps du Christ, c'est qu'il progresse. Il acquiert des qualités que nos corps biologiques ne possèdent pas. Ici encore, les récits évangéliques sont nets. À Marie, Jésus dit ces paroles mystérieuses : " Ne me touche pas, car je ne suis pas encore monté vers le Père " (Jn 20, 17) : monter vers le Père, qu'est-ce que cela signifie ? Il disparaît de devant les disciples d'Emmaüs (Lc 24, 31), mais il apparaît au Cénacle alors que les portes sont closes (Jn 20, 19.26).

Saint Paul note explicitement ce qui constitue le progrès le plus radical de ce corps : "Le Christ, une fois ressuscité des morts, ne meurt plus ; la mort n'exerce plus de pouvoir sur lui " (Rm 6, 9).

Ce qui précède est important pour cerner le Mystère du Ressuscité. Mais ce n'est encore qu'une petite partie de ce que nous enseigne le Nouveau Testament. Impossible ici de développer davantage. Toutefois un point doit être absolument souligné pour une compréhension équilibrée qui ne " chosifie " pas la Résurrection, sans toutefois la " spiritualiser ". Il nous faut écouter saint Paul : " On est mis en terre corps 'naturel' ('psuchikon'), on ressuscite corps 'spirituel' ('pneumatikon') " (1 Co 15, 44). Ces mots expriment bien qu'il ne peut pas s'agir d'une marche arrière et que le " corps " est concerné, pas seulement l'âme : nous l'avons déjà noté. Mais une question supplémentaire se pose : que veut dire " spirituel " ? Nous lisons dans sa lettre : " L'homme 'naturel' (psuchikos) n'accueille pas ce qui est de 'l'Esprit de Dieu' " (1 Co 2, 14). Le corps 'naturel' est le corps actuel, 'régi par soi-même'. Le corps *spirituel* est le corps *régi par l'Esprit Saint*, touché et transfiguré par Lui. Il ne s'agit pas d'un 'corps' vaporeux qui n'en est plus un, qui n'en aurait plus que le nom. Par grâce, notre corps est destiné à partager la Gloire même du Christ ressuscité : " Bien-aimés, dès maintenant, nous sommes enfants de Dieu, et ce que nous serons n'a pas encore été manifesté. Nous savons que lors de cette manifestation nous lui serons semblables, parce que nous le verrons tel qu'il est " (1 Jn 3, 2).

Le chemin de la vie qu'il nous faut *choisir* dès ici-bas est celui que nous avons à *recevoir* humblement de notre Seigneur Jésus Christ, le Ressuscité, le Vivant à jamais …

Père François Thiry s.j.

Présentation de l'ouvrage

À partir d'un exposé, que je fis en fin de formation en vue du diaconat, sur le célèbre texte Dt 30, 15-20, traitant des deux voies qui s'ouvrent devant chacun, j'aborde dans cet ouvrage le même sujet à partir d'autres textes de la Bible.

Au chapitre 1, je vous présente l'essentiel de mon exposé ainsi que quelques pistes à suivre pour l'utilisation en catéchèse ou encore pour aborder des sujets sensibles tels que l'euthanasie, l'avortement, les soins palliatifs...

Au chapitre 2, quelques exemples de chemins conduisant à la perdition nous révèlerons que large est la porte qui nous en ouvre l'accès. Tout le monde peut la franchir sans difficulté et se retrouver sur un chemin spacieux. Des textes tirés du livre de la Genèse et des évangiles nous aideront dans notre réflexion

Au chapitre 3, j'aborde la question du Salut universel : n'y aurait-il que peu de gens à être sauvés ? Comment concilier l'amour de Dieu pour tous les hommes sans exception et son respect de leur liberté ?

Au chapitre 4, je vous donne, à partir des leçons que Jésus donna à ses contemporains, quelques réflexions au sujet du Royaume de Dieu. Existe-t-il ? À quoi peut-on le comparer ? Que faut-il faire pour y accéder ?

Au chapitre 5, le testament spirituel de Jésus nous donne le visa pour l'entrée dans le Royaume des cieux : "Je vous donne un commandement nouveau : c'est de vous aimer les uns les autres" (Jn 13,34a). Deux séries de Paroles de Jésus, les Béatitudes et le Jugement dernier, mettent les points sur les "I" : servir Dieu, servir le Christ, c'est servir les pauvres.

Au chapitre 6, la question de la résurrection des corps est soulevée ? Y aura-t-il une vie après la vie ? Avec quel corps ressusciterons-nous ? À partir du témoignage des apôtres, des femmes venues au tombeau au matin de Pâques et des personnes qui rencontrèrent Jésus ressuscité, nous découvrirons que c'est en aidant les autres à se sauver que nous nous sauverons nous-mêmes. Jésus veut ardemment que tous connaissent son salut

Michel Houyoux, diacre permanent

Choisis la Vie afin que tu vives

Introduction

Dieu fit sortir de la servitude, symbolisée par l'Égypte, les Israélites qui écoutèrent ses paroles. Car ses paroles contiennent un chemin : c'est de choisir la vie, afin que nous vivions. Dieu est le seul à conduire son peuple sans aucun dieu étranger auprès de lui. Et dans l'Ancien Testament, nous trouvons beaucoup de situations où Dieu guide son peuple. En voici un exemple tiré du livre du Deutéronome où Dieu dit à Moïse : *"Lève-toi, descends vite là-bas, car ton peuple, que tu as fait sortir d'Égypte, s'est dévoyé. Ils n'ont pas mis longtemps à s'écarter du chemin que je leur avais prescrit : ils se sont fabriqué une idole en métal."* (Dt 32, 9,11-12)

Dieu accueillit les Israélites quand ils revinrent à lui de tout leur cœur. Le rejet ne fut pas le dernier mot de leur histoire. Il y eut aussi dans l'histoire passée d'Israël des périodes de bénédiction.

Ce qui n'empêcha pas que son peuple se trouva toujours devant un choix permanent. Choisit-il de persévérer dans les voies de la mort, de l'idolâtrie, du consentement à l'oppression et à la détresse vécue ou ne prit-il pas l'homme pour plus qu'il n'est et choisir enfin la vie.

Deux chemins seulement furent proposés à Israël comme ils s'ouvrent devant chaque personne : l'un mène à la vie et au bonheur ; il consiste à aimer Dieu, à écouter sa voix, à s'attacher à lui. Tel est le secret d'une vie heureuse déjà sur la terre. L'autre chemin, plein d'attrait peut-être au départ, conduit infailliblement à la mort et au malheur. Et le choix nous appartient. Écoutons la voix de Dieu qui murmure à nos oreilles : "C'est ici le chemin, marchez-y" *(Is. 30. 21)*. Choisir la vie ne consiste pas en même temps à se moquer ou à ridiculiser les personnes qui auraient fait l'autre choix. Le livre du Deutéronome se présente comme une série de longs discours de Moïse juste avant l'entrée au pays de Canaan. Ces discours énoncent diverses prescriptions juridiques reprenant entre autre les dix commandements ce qui a permis de parler d'une seconde loi par rapport à l'Exode. Par certains aspects, le Deutéronome apparaît comme le testament de Moïse, son encouragement à tenir bon après qu'il ait disparu. Le grand thème de ce livre, du commencement à la fin, c'est l'exhortation ; sa thèse, la parole de Dieu ; son objet, l'obéissance sincère, entière, du cœur, fondée sur une relation connue, sur des privilèges dont on jouit. Le but du livre est de préparer les Israélites à la possession des bénédictions que Dieu voulait leur donner dans le pays. Aussi l'obéissance joue-t-elle un rôle très important dans ce livre.

L'obéissance aux commandements de Dieu conduit à la bénédiction, la désobéissance entraîne la malédiction et le jugement. Le livre se termine avec le sobre récit de la mort de Moïse.

Le Deutéronome développe donc une théologie de l'alliance avec le Seigneur qui interprète le lien entre Dieu et son peuple selon le schéma des traités de vassalité du Proche Orient ancien. Les bénédictions et en particulier l'existence d'Israël sont liées à l'obéissance du peuple à la loi. Des six points qui composent les traités de vassalité, on en reconnaît deux dans Dt 30, 15-18 traitant des malédictions et des bénédictions et dans Dt 30, 19 concernant l'invocation des témoins de l'Alliance.

Ce texte concernant les deux voies est très célèbre. Cette invitation à suivre le chemin de vie montre l'importance de nos décisions prises en toute liberté ainsi que le respect de Dieu pour la liberté humaine. Moïse disait clairement à son peuple : "La vie et la mort se trouvent devant ce que vous choisissez !" La péricope Dt 30, 15-20 montre bien que les êtres humains sont libres et responsables ; on retrouve clairement ce thème dans le Siracide au chapitre quinze... (Si 15, 11-18) Vie et mort sont là devant nous et à chacun sera donné ce qu'il a choisi.

Étude d'un extrait du Deutéronome au chapitre 30, versets 15 à 20

15 Vois, je te propose aujourd'hui vie et bonheur, mort et malheur. 16 Si tu écoutes les commandements de Yahvé ton Dieu que je te prescris aujourd'hui, et que tu aimes Yahvé ton Dieu, que tu marches dans ses voies, que tu gardes ses commandements, ses lois et ses coutumes, tu vivras et tu multiplieras, Yahvé ton Dieu te bénira dans le pays où tu entres pour en prendre possession. 17 Mais si ton cœur se détourne, si tu n'écoutes point et si tu te laisses entraîner à te prosterner devant d'autres dieux et à les servir, 18 je vous déclare aujourd'hui que vous périrez certainement et que vous ne vivrez pas de longs jours sur la terre où vous pénétrez pour en prendre possession en passant le Jourdain. 19 Je prends aujourd'hui à témoin contre vous le ciel et la terre : je te propose la vie ou la mort, la bénédiction ou la malédiction. Choisis donc la vie, pour que toi et ta postérité vous viviez, 20 aimant Yahvé ton Dieu, écoutant sa voix, t'attachant à lui ; car là est ta vie, ainsi que la longue durée de ton séjour sur la terre que Yahvé a juré à tes pères, Abraham, Isaac et Jacob, de leur donner. (Dt 30, 15-20)
Bible de la liturgie -Textes liturgiques © AELF

Ce texte se situe dans la troisième section du Deutéronome. Dans cette section, le discours de Moïse prend une tournure prophétique. Ce texte concernant les "deux voies" est très célèbre. (1) Cette invitation montre l'importance de nos décisions prises en toute liberté ainsi que le respect de Dieu pour la liberté humaine. Dans ce passage Moïse disait clairement à son peuple : "La vie et la mort se trouvent devant vous choisissez ! "

Ce texte montre que les êtres humains sont libres et responsables et on retrouve clairement ce thème dans le Siracide (l'Ecclésiastique) au chapitre quinze.

"Ne dis pas : Dieu m'a fait pécher !, car il ne fait pas ce qu'il déteste. Ne dis pas : Il m'a fait commettre une erreur !, car il n'avait pas besoin d'un pécheur. Le Seigneur déteste le mal, et de même le détestent ceux et celles qui craignent le Seigneur. Quand au commencement il a créé l'homme, il l'a remis à sa propre conscience : Si

tu veux, tu peux garder les commandements ; il est en ton pouvoir de rester fidèle. Il a mis devant toi, le feu et l'eau : étends la main vers ce que tu préfères. Vie et mort sont là devant les êtres humains, à chacun sera donné ce qu'il a choisi. Que la sagesse du Seigneur est grande, comme il est fort et puissant ! Le Seigneur voit toutes choses. Son regard se pose sur ceux qui le craignent ; il connaît toutes les œuvres des humains. À personne, il n'a demandé d'être impie, à personne il n'a donné la permission de pécher." (Si 15, 11-18)
Bible de la liturgie -Textes liturgiques © AELF

Le chapitre vingt-sept révèle le rituel de conclusion de l'Alliance ; le chapitre vingt-huit relève les bénédictions et les malédictions qui accompagneront le respect ou la violation des commandements. Les dernières exhortations de Moïse sont développées aux chapitres vingt-neuf et trente, révélant un aspect très caractéristique de la théologie deutéronomiste : la promesse est toujours conditionnelle. Le chapitre trente prédit la repentance et le retour du peuple... Si le peuple reste fidèle, alors tous les bienfaits promis arriveront. Mais s'il se détourne du Seigneur, il ne profitera pas des dons de l'Alliance. C'est à ce niveau que se situe le texte retenu pour cette étude. Dans ce texte, Moïse fait un appel particulièrement solennel au cœur et à la conscience du peuple, parole d'exhortation puissante.

(1) Le thème des deux voies trouve des prolongements intéressants dans la tradition juive et par conséquent dans la tradition chrétienne. On en trouve des traces dans les écrits rabbiniques. (Source : « La nouvelle traduction de la Bible » aux Éditions Bayard)
Ce thème appartenait au fond commun des littératures sémitiques, ce qui explique sa présence dans des livres de genres très différents. (Source : P. Buis et J. Leclerq, Le Deutéronome, page 187)

Analyse du texte (2)

En divisant ce texte en trois paragraphes (Dt 30, 15-16 ; Dt 30, 17-18 et Dt 30, 19-20), vous remarquerez que le morceau central est antithétique du premier et du troisième. Dans cette péricope, il y a des formes verbales en "tu" et d'autres en "vous". Le discours en "tu" ne vise pas l'Israélite individuellement, mais le peuple tout entier, interpellé comme le partenaire du Seigneur. Cette interpellation collective n'est sans doute pas seulement une forme de style ; elle doit avoir son origine dans certaines cérémonies liturgiques où tout Israël était effectivement rassemblé pour entendre, comme un seul homme, la loi de son Dieu. La manière de parler de Moïse diffère beaucoup de celle d'un prophète. À l'inverse du prophète qui transmet une parole directe de Dieu à son peuple, Moïse s'adresse lui-même au peuple et lui parle de son Dieu. Moïse tient donc le rôle d'un médiateur, placé entre le Seigneur qui lui a révélé sa loi et le peuple à qui il doit la transmettre et l'expliquer.

Vois…(30,15), …si tu écoutes…(30,16), …si ton cœur (30, 17) : la vue, les oreilles et le cœur sont, dans la Bible, reconnus comme étant le siège de l'intelligence spirituelle des évènements, sans laquelle l'œuvre divine du salut échoue.

En *(Dt 30,35)* : l'Alliance de Dieu avec son peuple est liée à la perspective de la vie, ici, dans sa composante corporelle. Le commandement est présenté en elle comme le chemin de la vie. Le choix du bien n'est pas une adhésion à une morale théorique, c'est un choix concret que l'on doit faire aujourd'hui, c'est à dire dans un "aujourd'hui" (hayom) précis immédiat et permanent, dans l'existence. Ce mot apparaît sept fois dans Dt 30. (3)

(2) Ce n'est pas le langage d'un législateur mais celui d'un catéchiste ou d'un prédicateur. Cet enseignement s'adresse à tout Israël (Dt 1,1 ; Dt 34,12) qui est interpellé tantôt en "tu", tantôt en "vous" Cette curieuse oscillation intervient souvent au cours du même développement,, et cela sans raison apparente (voir par exemple 6.1-3 et 30,15-20). Ce phénomène, que la traduction n'a pas cru devoir atténuer, trahit probablement une composition du texte par étapes successives. En effet, si l'on

> essaie de prendre séparément les passages en "tu", l'on obtient un ensemble continu, tandis que les passages en "vous" sont fragmentaires et paraissent avoir été écrits pour renforcer le texte primitif en "tu".
>
> (3) Cette expression hayom, en ce jour-ci, est un concept fondamental du judaïsme ; elle apparaît 435 fois dans la Bible sous cette forme, sans compter les formes dérivées ; dans notre paracha voyez au chapitre 29 les versets 9, 11, 12, 14, 17, et dans le chapitre 30 les versets 2, 8, 11, 15, 16, 18, 19. La présence divine n'est pas virtuelle mais se manifeste ici et maintenant dans une rencontre concrète soutenue par les mitsvotes et les mots et les intentions du cœur. Ainsi, le lien à <u>Hachèm</u> est une relation de contact et de vie qui se joue continuellement. <u>Hachèm</u> : le grand nom de Dieu qui se manifeste, en quatre lettres dans la Bible. (Note extraite du 51e et 52e Paracha : Nitsavim - Vayélékh (Tous debout -Et il alla) Devarim (Le Deutéronome) 29, 9 - 31, 30.

Les mots vie et mort suggèrent deux états, indiquent deux directions ; ils sont toujours liés. Ils se retrouvent dans le verset 11 du chapitre 15 du Siracide (voir introduction). Bonheur et malheur sont à rapprocher de bénédiction et malédiction : bénédiction si le Peuple de Dieu obéit aux commandements du Seigneur ou malédiction s'il n'obéit pas à ses commandements. Deux voies se trouvent devant moi : choisir la bonne voie c'est accepter en toute liberté les commandements de Dieu. Le bonheur dont il s'agit ici est un bonheur terrestre, l'auteur n'en conçoit pas d'autre.

Dt 30,15-16 reprend Dt 11,26-28 : *"Tu vois que je mets aujourd'hui devant vous la bénédiction et la malédiction : la bénédiction si vous obéissez aux commandements du Seigneur votre Dieu que je vous donne aujourd'hui ; la malédiction, si vous n'obéissez pas aux commandements du Seigneur votre Dieu, si vous vous détournez de la voie que je vous ai montrée en ce jour pour vous mettre à la traîne d'autres dieux que vous n'avez pas connus"* (Dt 11,26-28)

Dt 30, 16 : ce verset 16 invite Israël à observer les commandements du Seigneur pour vivre.

Dt 30,16a : "Si tu écoutes mes commandements…tu vivras… " Je retrouve dans ce verset l'aspect conditionnel de la promesse du Seigneur ; de plus, il me renvoie au chapitre quatre dans le discours d'introduction qui traite de l'observance de la Loi.

Aimer Dieu, ses commandements, ses lois et ses coutumes assurent vie et prospérité (30,16b) Ce passage du texte fait allusion aux versets Dt 5, 10-21.

"Mais je maintiens ma faveur jusqu'à la millième génération à ceux qui m'aiment et gardent mes commandements " (Dt 5, 10)

Aimer les lois de Dieu implique le respect de son nom (Dt 5, 11), l'observance du jour du sabbat (Dt 5, 12-15), le respect des parents et du prochain (Dt 5, 16-21).

Dt 30,16d : "Si tu gardes ses commandements … " est à rapprocher de Dt 4,2-9. Garder les commandements du Seigneur, c'est les observer tels qu'ils ont été donnés sans rien ajouter ni retrancher.

"Et maintenant Israël, écoute les ordres et les commandements que je vous enseigne, pour les mettre en pratique. Ainsi vous vivrez et vous entrerez, pour le posséder, dans le pays que Yahvé le Dieu de vos pères vous donne. Vous n'ajouterez rien à ce que je vous commande et vous n'en retrancherez rien, mais vous observerez les commandements de Yahvé votre Dieu tels que je vous les donne." (Dt 4,1-2)

S'adressant à un auditoire collectif (Israël), le Deutéronome entremêle constamment le singulier et le pluriel. Le verset précédent en est une illustration, déjà relevée en début d'analyse.

Remarquez la différence dans les deux extraits : en Dt 4,1 Moïse exhorte le peuple à écouter les ordres et les commandements qu'il enseigne : " Et maintenant Israël, écoute… (utilisation de l'impératif). Ainsi vous vivrez… " et en Dt 30,16a : " Si tu écoutes… (emploi du conditionnel), tu vivras… "

Dans Dt 30, 16e... : il s'agit ici de la terre de Canaan et de l'existence du peuple d'Israël. Du point de vue théologique, la possession de la terre de Canaan est un événement important. Nous pouvons faire de Canaan l'image de la patrie céleste. " Prendre possession du pays " se trouve aussi dans le discours d'introduction en Deutéronome au chapitre un : *"Vois Yahvé ton Dieu met ce pays à ta disposition, monte, envahit-le comme Yahvé le Dieu de tes pères, te l'a dit ! Ne crains pas, n'aie pas peur. " (Dt 1, 21)*

Dans Dt (30,17a) : " Si ton cœur... " Le cœur signifie dans la Bible tout ce qui est à l'intérieur de l'homme : sa conscience, ses désirs profonds, ses propres critères.

> **La Bible considère que le cœur est l'organe de la volonté, de la décision. C'est du cœur de l'homme que vient le pouvoir de faire le bien ou le mal. C'est dans le cœur de l'homme que peut s'enraciner le péché, c'est à dire une volonté hostile au projet de Dieu.**

" Si ton cœur se détourne ... " Ici il faut comprendre "se détourne de Yahvé" bien que le nom de Yahvé ne figure pas dans le verset. Dt 30,17 reprend Dt 29,27 : *"Que personne parmi vous, homme, femme, famille ou clan, ne se détourne aujourd'hui de Yahvé notre Dieu pour aller servir les dieux de ces nations. " (Dt 29,27)* (4)

" ...autres dieux...", se laisser entraîner à se prosterner devant d'autres dieux et les servir, c'est renier Yahvé, le Dieu vivant et unique qui n'est pas au service d'Israël, ni à notre service : c'est nous qui devons le servir !

(4) Dans la représentation de l'homme que propose la Bible, le cœur n'est pas un organe comme les autres. Ce n'est pas son rôle dans la circulation sanguine qui est mis en avant ici. Contrairement à nos cultures où le cœur est souvent mis en regard avec la passion et les sentiments (avoir du cœur, y aller de bon cœur...

Ce passage est un rappel du premier commandement. Aujourd'hui "servir d'autres dieux" signifie la course à l'argent, la recherche exagérée de biens matériels superflus, la recherche du pouvoir par exemple.

" Tu n'auras pas d'autre Dieu que moi. " (Ex 20,3) - Servir Dieu en premier, ne servir rien ni personne avant Dieu, ni suivre une idéologie qui contredit ses paroles ou vivre un amour qui ne respecte pas ses commandements. Dans Dt (30, 18), vous périrez et vous ne vivrez pas de longs jours sur la terre, signifie "pas de vie prolongée".

"Choisir la deuxième voie conduit à la mort. *" Il se pourrait que vous tourniez mal, et que vous fassiez des idoles, des images. Alors, si vous faîtes ce qui est mal aux yeux de Yahvé ton Dieu, si vous le mettez en colère, je le dis aujourd'hui même à la face des cieux et de la terre : vous disparaîtrez rapidement de ce pays. Il doit être vôtre quand vous aurez traversé le Jourdain, mais alors vous n'y prolongerez pas vos jours et vous serez totalement détruits." (Dt 4,25-26)*

Dans Dt 30, 19 : servir Dieu en premier, cela signifie : ne servir rien ni personne avant Dieu, ni suivre une idéologie qui contredit ses paroles ou vivre un amour qui ne respecte pas ses commandements. La foi est d'abord un acte de décision, un choix. De même que le Seigneur a choisi Israël, de même celui-ci est appelé à choisir le Seigneur et la vie qu'il lui offre. Ce choix est important car il met en jeu la vie et la mort.

Dt 30, 19a : on retrouve cette expression en Dt 31, 28 : "Prendre à témoin le ciel et la terre " correspond à "Je le dis aujourd'hui même à la face des cieux et de la terre" dans Dt 4, 26. Cette conclusion utilise explicitement le thème du choix qui n'était que implicite à la fin du chapitre onze, jusqu'ici le Deutéronome n'avait parlé que du choix opéré par le Seigneur en faveur d'Israël. Maintenant Israël est appelé expressément à choisir à son tour, en réponse au choix du Seigneur.

"Rassemblez donc autour de moi tous les anciens de vos tribus avec vos scribes. Je prononcerai ces paroles à leurs oreilles et je prendrai le ciel et la terre comme témoins contre eux." (Dt 31, 28)

Le substantif bénédiction est au singulier (5) comme dans tout le Deutéronome sauf en Dt 28,2

"Et voici toutes les bénédictions qui se réaliseront pour toi si tu écoutes la voix de Yahvé ton Dieu. " (Dt 28,2)

La bénédiction est un don de Dieu et les malédictions apparaissent comme la conséquence logique de l'infidélité. (Dt 30, 17-18) La bénédiction est signe de l'élection et conséquence de l'alliance. Dans Dt 30, 19b : "Choisis donc la vie" peut être compris dans le sens : "Choisis moi !" *(le Seigneur)* (6)

Choisis donc la vie, pour que toi et ta postérité, vous viviez, correspond à "pour que tu vives !"

Dieu ne demande pas des choses impossibles : pour les cœurs droits, suivre la volonté de Dieu est le chemin le plus naturel. Le passage 30, 19b reprend Dt 30, 6.

"Yahvé ton Dieu circoncira ton cœur et le cœur de ta race pour que tu aimes ton Dieu de tout ton cœur et de toute ton âme et que tu vives." Dt (30,6).

(5) *Le terme désigne la puissance de vie qui vient de Yahvé et que celui-ci accorde à Israël, de telle sorte que le peuple élu réussit dans ses entreprises et obtient prospérité et bonheur. Le mot peut aussi bien dire la cause que l'effet : ces deux termes sont unis dans la langue hébraïque. (Extrait de Jean Rennes, « Le Deutéronome », éditions Labor et Fides)*

(6) " *ouvara'hta va 'hayim*" : choisis la vie (Dévarim 30, 19) dans le sens "choisis-moi !".

Yahvé te circoncira le cœur signifie qu'Il le rendra pur et saint ; ce qui peut être précisé davantage en citant Ez 36,26-27 : "Je vous donnerai un cœur nouveau et je mettrai dedans de vous un esprit nouveau : J'enlèverai de votre chair un cœur de pierre et je vous donnerai un cœur de chair."

Dans Dt 30, 20… "... *aimant le Seigneur Yahvé ton Dieu* " *(20 a)* est à rapprocher de Dt 6, 5 *: "Tu aimeras Yahvé ton Dieu, de tout ton cœur, de toute ton âme et de tout ton pouvoir."* (7) L'amour de Dieu ne peut être tout à fait désintéressé : les Israélites savent qu'en correspondant à l'amour de Dieu qui les a élus, ils sont sur une bonne voie et que Dieu les récompensera en leur donnant la paix et la prospérité.

Écouter la voix du Seigneur (20b) est à rapprocher de Dt 4, 30-31 : *Lorsque tu seras dans l'angoisse, lorsque plus tard toutes ces malédictions se seront réalisées, tu reviendras vers Yahvé ton Dieu et tu écouteras sa voix. Car Yahvé ton Dieu est un Dieu qui pardonne : Il ne t'abandonnera pas, il ne te détruira pas, il n'oubliera jamais l'Alliance qu'il a jurée à tes pères."*

S'attacher à Dieu (20, c), c'est l'aimer et le servir de tout son cœur et de toute son âme. C'est un amour qui est une réponse à l'amour de Dieu car c'est Dieu qui aime d'abord et qui choisit ; ensuite nous répondons à son amour et nous essayons de l'exprimer par notre obéissance. La miséricorde de Dieu vient en premier lieu.

Le pays promis (20,d) est un rappel de Dt 1,8 : "C'est le pays que je mets à votre disposition, le pays que Yahvé a juré à vos pères Abraham, Isaac et Jacob de leur donner, ainsi qu'à leur descendance après eux : allez le conquérir."

Le verbe "jurer" (30,20 d) est typique du Deutéronome et de la littérature apparentée.

(7) Dt 6,4,5 - Ce texte constitue le début du Shema, profession de foi et prière quotidienne des croyants israélites, ces versets réapparaissent dans de nombreuses liturgies du judaïsme.

En conclusion

Ce texte clôturant le dernier discours de Moïse reprend l'essentiel des thèmes du Deutéronome. Il rappelle à chacun et à chacune qu'il y a deux voies devant lui et que choisir sa voie est une décision libre et personnelle : Si tu écoutes…, si tu marches…, si tu mets en pratique…, alors tu vivras (première voie) ; si tu n'écoutes pas…, si ton cœur se détourne…, si tu te laisses entraîner à adorer de faux dieux…, alors tu périras (deuxième voie). Ce qu'on a semé dans sa vie, on le récoltera. Ceux qui observent la loi de Dieu auront le bonheur ici-bas : *"… tu vivras,…tu te multiplieras, et le Seigneur ton Dieu te bénira dans le pays où tu entres pour en prendre possession."* et ceux qui refusent ne prospèreront pas. Ce texte encourage la fidélité envers Dieu par le souvenir de ses promesses et de sa récompense ici-bas. (8)

Dt 30, 15-20 bouscule le stéréotype de l'image d'un Dieu dur, jaloux, qui ne tolère pas l'infidélité, qui décide de la vie et de la mort. Dans ce verset, le Seigneur laisse le choix à l'homme *: "Vois, je te propose de choisir la vie et le bonheur ou la mort et le malheur".* (9) Qui serait assez fou pour choisir la mort ? Le récit nous rappelle que c'est un fait. Nous pouvons faire des choix qui conduisent à la mort. Notre Dieu est le Dieu des vivants. La fin du texte est une invitation pressante : "Choisis la vie !" C'est en observant les commandements, qui sont des chemins de vie que nous suivrons cette voie proposée par Dieu.

Le thème des deux voies se retrouve en bien des endroits dans la Bible. Il exprime notre responsabilité personnelle qui apparaîtra clairement au jour du Jugement. Le vrai bonheur est donné à ceux qui sont fidèles à la volonté de Dieu notamment dans le psaume un, le livre de Jérémie (21, 8), celui des Proverbes (4, 18-19), dans l'Évangile de Matthieu (7, 13).

"Heureux cet homme ! Il ne partage pas les idées des impies, il ne vit pas à la manière des pêcheurs et ne va pas chez ceux qui toujours se moquent. C'est qu'il a

trouvé son bien dans la loi du Seigneur, il la médite cette loi, de jour et de nuit."
(Psaume1, 1) (10)

(8) *Il est cité aussi dans l'Évangile selon saint Matthieu en Mt 22, 37. Les versets 4-9 de ce chapitre, forment la base de la profession de foi fondamentale du judaïsme. Ils commencent par l'appel "Écoute, Israël" (en hébreu shema Israël) et sont au cœur de la prière quotidienne. La prière du "shema" est dite matin et soir*

(9) *À cette époque, le peuple de Dieu n'avait encore aucune idée ni de l'autre vie, ni de la vraie récompense de la résurrection et de la vision de Dieu après la mort. Il ne voyait que la vie*

(10) *Le choix inconditionnel pour la vie, arrive à la plénitude de son sens religieux et moral lorsqu'il vient de la foi au Christ, qu'il est formé et nourri par elle. Rien n'aide autant à aborder positivement le conflit entre la mort et la vie dans lequel nous sommes plongés que la foi au Fils de Dieu qui s'est fait homme et qui est venu parmi les hommes pour qu'ils aient la vie et qu'ils l'aient en abondance. (Jn 10, 10) Extrait de la lettre encyclique EVANGELIUM VITAE de Jean Paul II) page 20.présente et son destin*

Deux routes s'ouvrent devant tout être humain : celle du bonheur est représentée par l'image de "l'arbre verdoyant" et celle du malheur ou du néant est représentée par la paille qu'emporte le vent. *(Ps 1)* Comme dans le discours sur la montagne, le comportement des hommes justes est mis sou le signe des béatitudes : *"Heureux sont ceux qui..." (Mt 5, 1-12),* Cet écrit de sagesse annonce le bonheur pour les personnes qui observent la loi de Dieu non seulement sur la terre mais aussi dans l'autre monde. La joie qu'annonce le psalmiste est un don de Dieu.

"Ainsi, les impies ne tiendront pas au jugement, ni les pécheurs à l'assemblée des justes. (Ps 1, 5)

Ce choix à faire en Jérémie 21, 8 se situe à un autre niveau que celui développé par Moïse. Les 10 premiers versets du chapitre vingt et un se rapportent au second siège de Jérusalem en l'an cinq cent quatre-vingt huit.

Tu diras encore à ce peuple : *"Voici ce que dit Yahvé : c'est maintenant que je vous donne à choisir entre le chemin de la vie et le chemin de la mort. Celui qui restera dans cette ville périra par l'épée, la famine et la peste ; celui qui en sortira pour se rendre aux Chaldéens qui vous assiègent vivra ; il aura au moins sauvé sa vie. Car je me suis penché sur cette ville pour son malheur et non pour son bonheur." (Jr 21, 8)*

Dans le livre des proverbes, la route des justes est comparée à la lumière de l'aurore et son éclat grandit jusqu'au plein jour tandis que celle des méchants n'est qu'obscurité *(Pr 4,18)* Dans l'Évangile selon saint Matthieu, le chemin qui mène à la vie est resserré, étroite est sa porte et peu nombreux sont ceux qui le trouvent. Par contre, la voie qui mène à la mort est spacieuse, large est sa porte et nombreux ceux qui s'y engagent ! *(Mt 7, 13)*

Cela signifie que même si de nombreuses personnes rencontrent le chemin de la vie, très peu font l'expérience des richesses de l'Évangile et produisent des fruits. Les élus sont ceux qui persévèrent et qui recherchent la véritable liberté. Beaucoup choisissent le chemin qui mène à la perdition. Ils ne prennent pas le chemin où Jésus serait tout pour eux. Ils gaspillent les dons de Dieu qui leurs sont confiés et ils deviennent apparemment inutiles pour le Royaume. Cependant même ainsi, ils ne sont pas privés de la miséricorde de Dieu !

Place du texte dans la liturgie

Ce texte est utilisé en liturgie uniquement le jeudi après le mercredi des cendres, il est associé au psaume un et le texte d'Évangile utilisé pour cette messe est issu de l'Évangile selon saint Luc *(Lc 9, 22-25)*. Dans son Évangile, Luc nous affirme que Jésus propose la croix comme un chemin, un passage vers la plénitude de la vie : *"Il faut que le fils de l'Homme souffrît beaucoup pour entrer dans sa gloire."* Jésus remporta cette victoire quand il choisit librement le chemin de la croix. Nous devons tous partager la victoire du Christ sur la mort : cela se verra concrètement dans l'orientation que nous donnons à notre vie. Ces textes sont particulièrement indiqués pour la relecture, la méditation et l'introduction à la prière pendant le Carême : bien utilisés, ils peuvent devenir un ferment, un levier pour une conversion intérieure profonde : "Changez vos cœurs et croyez à la bonne nouvelle de l'Évangile !"

Heureux l'homme qui médite la Loi du Seigneur, il est comme un arbre dont le feuillage ne flétrit jamais, et qui donne du fruit en son temps. (Psaume 1)

Écouter et aimer Dieu, c'est le choix de la vie et du bonheur. Mais si nous refusons de l'écouter, Dieu demandera compte de nos refus. Ce que Dieu souhaite, c'est que nous choisissions la vie ! Accueillir la Parole de Dieu, suivre ses commandements, s'attacher à lui, c'est-à-dire l'aimer, marcher selon ses voies, c'est ce que nous devons faire pour choisir la vie. Quels sont en nous les effets de la parole de Dieu ? Contentons-nous de l'entendre ? Savons-nous l'écouter ? Passe-t-elle vraiment dans notre vie ? Jésus, au cours de son ministère public a enseigné qu'il y a plusieurs manières d'écouter la parole de Dieu, mais qu'une seule est capable de transformer notre vie. Semer, c'est la preuve que l'on espère. Jésus s'est lancé dans une entreprise désespérée : sauver son peuple quand apparemment personne n'est en mesure de freiner la montée de la violence. Jésus ne compte que sur la force de la Parole de Dieu proclamée et vécue pour sauver l'humanité. La parole de Dieu est une force puissante. Nous pouvons fragiliser cette force dans la mesure où elle retentit dans notre cœur si nous sommes indifférents ou si nous sommes réticents à la recevoir. Seules les personnes qui reçoivent la parole de Dieu avec foi, pourront comprendre que Jésus, fils de Dieu, ait accepté les limites que la liberté humaine impose à sa parole, au risque de l'étouffer.

Pour une Lectio divina en groupe à partir de ce texte

Les principes de la *Lectio divina* ont été exprimés vers l'an 220 par Origène. Il affirma que, pour lire fructueusement la Bible, il est nécessaire de le faire avec attention, constance, prière. La *Lectio divina* a été introduite en Occident par saint Ambroise. Chaque participant reçoit une copie du texte Dt 30, 15, 20. La rencontre se fera en trois temps d'environ un quart d'heure.

Premier temps - Un participant lira le texte lentement et à haute voix et chacun observera les éléments importants du texte. Chacun exprimera au groupe ce qui lui parle dans le texte (ce qu'il découvre, ce qu'il l'étonne, ses questions…)

Deuxième temps - Quel est le message que nous avons à accueillir ? Chacun essaie de percevoir la foi qui s'y exprime, et comment cela résonne ou non pour sa propre foi : Dieu respecte notre liberté, il n'impose pas mais il propose… Au début de ma journée, vais- je remettre à demain ce choix à faire ? Quelle voie vais-je choisir aujourd'hui ?

Jésus n'est venu que pour nous donner la vie et le bonheur (Le Salut, la Libération, la Rédemption). Que faut-il que je fasse, pour cela ? Lors d'un deuxième tour de table, chacun pourra exprimer ce qu'il a découvert dans l'expression des autres membres du groupe.

Troisième temps - Réfléchir sur le texte choisi, et sur la manière de l'appliquer dans sa vie. Réfléchir autour d'expressions ou de mots particuliers qui semblent avoir une signification particulière. Il ne faut pas confondre cela avec l'exégèse, mais c'est une lecture très personnelle de l'Écriture et son application à sa propre vie. Un temps de prière et de méditation : comment le texte m'invite-t-il à me convertir ? À me tourner vers Dieu ? À changer ma manière de vivre personnellement, collectivement ? Comment est-il une bonne nouvelle pour moi ?

Questions et pistes de réflexion : catéchèse et visites de malades.

Pourquoi la vie est-elle un bien ? Dans la vieillesse, comment faire face au déclin inévitable de la vie ? Comment se comporter devant la mort ?

L'injonction claire et forte de Moïse s'adresse à nous aussi : "Vois, je te propose aujourd'hui vie et bonheur, mort et malheur... Je te propose la vie ou la mort, la bénédiction ou la malédiction. Choisis donc la vie, pour que toi et ta postérité vous viviez" (Dt 30, 15 ; 19b) Cette injonction convient tout autant à nous qui devons choisir tous les jours entre la culture de vie et la culture de mort. Mais l'appel du

Deutéronome est encore plus profond, parce qu'il nous demande un choix à proprement parler religieux et moral. Il s'agit de donner à son existence une orientation fondamentale et de vivre fidèlement en accord avec la loi du Seigneur (30, 16 ; 19-20). Á partir des versets de Dt 30,15-16, nous pourrions ouvrir des pistes de réflexion applicables à notre monde actuel et à venir : il n'est pas possible que la vie reste authentique et plénière si elle se détache du bien. Le bien est fondamentalement lié aux commandements de Dieu, c'est-à-dire à "la loi de la vie ".

"De plus, le Seigneur leur a révélé un savoir, il les a dotés d'une loi de vie." (Si 16,11)

La lettre encyclique EVANGELIUM VITAE de Jean Paul II (25 mars 1995) donne la position officielle de l'Église sur des questions délicates traitant de l'avortement, de la contraception, des techniques de reproduction artificielle, de l'euthanasie, du message chrétien sur la vie *(chapitre II),* de l'acharnement thérapeutique, des soins palliatifs,…. Le chapitre IV de l'Encyclique propose une nouvelle culture pour la vie humaine (pages 53 à 72) : il est fondamentalement intéressant pour la catéchèse aujourd'hui.

La vie humaine est sacrée et inviolable, et c'est pourquoi, en particulier, l'avortement provoqué et l'euthanasie sont absolument inacceptables ; la vie humaine non seulement ne doit pas être supprimée, mais elle doit être protégée avec une attention pleine d'amour ; la vie trouve son sens dans l'amour reçu et donné : c'est à ce niveau que la sexualité et la procréation humaines parviennent à leur authenticité ; dans cet amour, la souffrance et la mort ont aussi un sens et, bien que persiste le mystère qui les entoure, elles peuvent devenir des événements de salut ; le respect de la vie exige que la science et la technique soient toujours ordonnées à l'homme et à son développement intégral ; la société entière doit respecter, défendre et promouvoir la dignité de toute personne humaine, à tous les moments et en tous les états de sa vie.

Source : lettre Encyclique Evangelium Vitae du pape Jean-Paul II, chapitre IV - article 82.

Cette lettre, donnée à Rome le 25 mars 1995, fruit de la collaboration de l'épiscopat de tous les pays du monde, veut donc être une réaffirmation précise et ferme de la valeur de toute vie humaine et de son inviolabilité, et, en même temps, elle est un appel solennel adressé à chaque personne, au nom de Dieu. Son message : *respecte, défends, aime et sers la vie, toute vie humaine !* C'est seulement sur cette voie que tu trouveras la justice, le développement, la liberté véritable, la paix et le bonheur.

À découvrir

http: //www.vatican.va/.../hf_jp-ii_enc_25031995_evangelium-vitae_fr.html
http://viechretienne.catholique.org/pape/552-evangelium-vitae/
http://www.youtube.com/watch?v=P7jctJmIr7c
http://www.mattheeuws.be/site/spip.php?article93
http://www.priestsforlife.org/magisterium/evtext.htm
http://www.aelf.org/bible-liturgie (accueil, lectures bibliques, rituels, actualités, abonnement, préparation de la messe, liturgie des heures…)

Cette étude a été présentée en juin 2003 en complément du cours intitulé "Introduction à l'Ancien Testament" ; exposé fait à Rochefort (Belgique) aux responsables de la formation au diaconat permanent.

Documents et ouvrages consultés

Cahiers d'évangile, n° 63, Le Deutéronome, service biblique, évangile et vie, Éditions du Cerf.
Le dictionnaire encyclopédique de la Bible, Édition Brepols 1987.
Jean Paul II, Encyclique Evangelium Vitae , mars 1995.
Jean Louis Ska, Introduction à la lecture du pentateuque, Éditions Lessius.
Jean Rennes, Le Deutéronome, Labor et Fides
Jean-Pierre Rosa, Jésus Christ ou la liberté, chapitre V, pp. 223 - 225, Bayard éditions.
La Bible de Jérusalem, 1997, Édition du Cerf
La Bible de la liturgie : textes liturgiques © AELF
La Traduction Œcuménique de la Bible.
La Bible des communautés chrétiennes, édition pastorale, Édition Médiaspaul.
La Sainte Bible, texte intégral établi par les moines de Maredsous.
La Bible, version Darby.

Le livre du Deutéronome document html.

Jean-Marie Carrière, Le livre du Deutéronome, Paris 2002, chapitre VIII : « L'expérience de l'Alliance », Les éditions de l'Atelier.

Missel communautaire des dimanches et fêtes. Années A, B et C.

C.H. Mackintosh, Notes sur le livre du Deutéronome.

Noël Quesson, Parole de Dieu pour chaque jour, tomes 1 et 2, maison d'édition Droguet et Ardent.

P. Buis et J. Leclerq, *Le Deutéronome,* sources bibliques, 1963, J. Gabalda et Cie éditeurs..

Robert Michaud, *Les psaumes- Adaptation de .l'œuvre en trois volumes de Gianfranco Ravasi*

Il est spacieux le chemin qui mène à la perdition

"Large est la porte et spacieuse la voie qui mènent à la perdition, et nombreux sont ceux qui y passent !" (Mt 7, 7a) Ce chemin est nommé ainsi parce qu'il est le plus facile à suivre : c'est le chemin de la vie sans Dieu, vouée aux choses périssables, aux jouissances, aux passions, au bonheur terrestre.

La large porte symbolise le monde. On la franchit facilement. Il n'y a aucun obstacle pour nous en bloquer l'accès. Tout le monde peut la franchir sans contrainte. Il n'y a qu'à faire un pas en avant pour la franchir et se retrouver sur le chemin spacieux. Les personnes qui la franchissent font ce qu'elles veulent et adhèrent aux idées qui leur conviennent. Ce chemin facile mène à la perdition, c'est le chemin de la mort.

La déchéance d'Adam et Ève

Selon le livre de la Genèse, il y a six mille ans qu'Adam partit sur ce chemin, et après neuf cent trente ans il en atteignit l'extrémité : la mort. Dieu le créa à son image et le constitua dans son amitié. Adam ne pouvait vivre cette amitié que sur le principe de la libre soumission à Dieu. C'est ce qu'exprimait la défense que Dieu lui fit de manger de l'arbre de la connaissance du bien et du mal.

"Tu peux manger les fruits de tous les arbres du jardin ; mais quant à l'arbre de la connaissance du bien et du mal, tu n'en mangeras pas ; car, le jour où tu en mangeras, tu seras condamné à mourir." (Gn 2, 17)

Cet arbre de la connaissance du bien et du mal est le symbole de la limite infranchissable qu'Adam et Ève devaient accepter et respecter avec une totale confiance en leur créateur. Tentés par le démon, symbolisé par le serpent, Adam et Ève laissèrent mourir dans leur cœur la confiance qu'ils avaient mis en Dieu. En abusant de leur liberté, ils désobéirent à son commandement.

"Le serpent dit à la femme : "Alors, Dieu vous a dit : "Vous ne mangerez le fruit d'aucun arbre du jardin" La femme lui répondit : "Nous mangeons les fruits des arbres du jardin. Mais, pour celui qui est au milieu du jardin, Dieu nous a dit : 'Vous n'en mangerez pas, vous n'y toucherez pas, sinon vous mourrez.' " Le serpent répliqua : "Pas du tout ! Vous ne mourrez pas ! Mais Dieu sait que, le jour où vous en mangerez, vos yeux s'ouvriront, et vous serez comme des dieux, connaissant le bien et le mal." Ève s'aperçut que le fruit de l'arbre devait être savoureux, qu'il avait un aspect agréable et qu'il était désirable, puisqu'il donnait l'intelligence. Elle prit de ce fruit, et en mangea. Elle en donna aussi à son mari qui en mangea. (Gn 3, 1-6)
Source : Bible de la liturgie - Textes liturgiques © AELF, Paris

En commettant cette faute, Adam et Ève se préférèrent à Dieu et d'une certaine manière, ils le méprisèrent. Ils firent le choix de leur personne contre Dieu. C'est en cela qu'a consisté le premier péché de l'homme.

Le livre de la Genèse nous raconte les conséquences dramatiques de leur choix : ils perdirent immédiatement la grâce de la sainteté originelle : " *Tous les hommes sont pécheurs, ils sont tous privés de la gloire de Dieu,*" *(Rm 3, 23)* Plutôt que de croire en ce que Dieu leur avait dit, ils préférèrent écouter la voix du démon, ce qui les conduisirent à tout perdre ce que Dieu avait préparé pour eux. De plus, ils durent en subir la mort en retournant dans la poussière : " *C'est à la sueur de ton visage que tu gagneras ton pain, jusqu'à ce que tu retournes à la terre dont tu proviens ; car tu es poussière, et tu retourneras à la poussière." (Gn 3, 19)* Les conséquences de leur faute ne s'arrêtèrent pas là. Toute leur descendance, jusqu'à la fin du monde, a hérité du même sort dont Dieu avait mis en garde Adam. La malédiction du sol, l'effort pour en tirer de la nourriture, les douleurs de l'enfantement, les maladies, la mort physique et la mort spirituelle en sont les fruits. Ainsi donc par la désobéissance d'Adam, la multitude, c'est-à-dire tout le monde, a été constituée pécheresse.

Depuis ce premier péché, une véritable " invasion " du péché inonde le monde : le fratricide commis par Caïn sur Abel ; la corruption universelle à la suite du péché (cf. Gn 6, 5. 12 ; Rm 1, 18-32) ; de même, dans l'histoire d'Israël, le péché se manifeste fréquemment, surtout comme une infidélité au Dieu de l'alliance et comme transgression de la Loi de Moïse ; après la Rédemption du Christ aussi, parmi les chrétiens, le péché se manifeste de nombreuses manières (cf. 1 Co 1-6 ; Ap 2-3). L'Écriture et la Tradition de l'Église ne cessent de rappeler la présence et l'universalité du péché dans l'histoire de l'homme.

Source : Catéchisme de l'Église catholique : le premier péché de l'homme (article 401)

Mais l'œuvre de justice du Christ procure à tous une justification qui donne la Vie. (Rm 5, 18) L'acte de justification est l'œuvre de la grâce divine déclarant juste toute personne qui croit en Jésus. La justification individuelle qui en résulte met le croyant en possession de la vie éternelle, dans laquelle il vivra. Choisis le chemin de vie ! Le Christ l'a dit clairement : *" Moi, je suis le chemin, la vérité et la vie. Nul ne vient au Père que par moi." (Jn 14, 6)* Malheureusement bien des gens refusent cette option et ont inventé toutes sortes de chemins pouvant conduire au but ultime de la vie : le pluralisme. Et au milieu de ce pluralisme la parole de Jésus retentit : " Je suis le chemin ! "

Une première condition pour devenir disciple du Christ, c'est la volonté d'apprentissage de ce que sont ses volontés : nous croyons facilement que nous avons tout compris et nous risquons de parler avec assurance. Reconnaissons humblement que nous n'avons pas la moindre idée de ce que Dieu pense ! En dehors de ce qu'il nous dit expressément par la bouche de ses prophètes, bien sûr.

Quel homme peut découvrir les intentions de Dieu ? Qui peut comprendre les volontés du Seigneur ?" *(Livre de la Sagesse, verset 13)*

Il s'agit ensuite d'ouvrir nos yeux dans son amour : comment puissions-nous être comblés par Dieu si nous sommes pleins de nous-mêmes ? Reconnaissons notre fragilité pour que Dieu puisse agir en nous. Puis vient le moment de la décision parfois difficile : être son disciple. Être disciple du Christ, c'est l'aimer et cela ne peut se faire à moitié ! Pour être disciple de Jésus, il nous faut marcher derrière lui, c'est à dire, suivre le même chemin : " *Pour demeurer avec Jésus, marchez comme il marche* " *(1Jn 2, 6)*. Et l'apôtre Paul nous rappelle qu'il faut *"marcher dans l'amour comme le Christ vous a aimés" (Ep 5, 2)*

Si jusqu'à présent tu as été loin de lui, avait exhorté le premier pape jésuite et du continent américain, ***fais un petit pas: il t'accueillera à bras ouverts. Si tu es indifférent, accepte de risquer: tu ne seras pas déçu. S'il te semble difficile de le suivre, n'aie pas peur, fais-lui confiance, il t'est proche, il te donnera la paix que tu cherches.***

Message du Pape François, 31 mars 2013, cité du Vatican

Les personnes qui aiment leurs proches plus que Jésus ne peuvent être son disciple. Suivre Jésus, c'est une aventure de longue haleine ! Il faut pouvoir aller jusqu'au bout. Cesser de suivre Jésus quand on a commencé à le suivre serait-ce plus grave que de ne l'avoir jamais connu ?

 Si quelqu'un vient à moi sans me préférer à son père, sa mère, sa femme, ses enfants, ses frères et sœurs, et même à sa propre vie, il ne peut pas être mon disciple. (Lc 14, 26)

Si le candidat au service ne s'est pas complètement engagé, il échouera nous prévient Jésus et sa situation sera pire que s'il n'avait pas commencé. Si nous voulons vraiment suivre le Christ pour devenir son disciple, quels obstacles nous empêchent de le devenir : égoïsme, amour-propre, timidité, respect humain, amour de l'argent ou de nos aises… ?

Le candidat disciple doit commencer par s'asseoir pour examiner calmement les exigences de Jésus ainsi que ses propres possibilités d'action avant de prendre la décision de s'engager. Être disciple de Jésus, le suivre et l'imiter en allant vers nos frères pour les aimer, les aider et être dans notre entourage des ferments d'unité, n'est pas une tâche facile.

À cause de leur faute, Adam et Ève furent punis par Dieu. Ils crurent qu'en mangeant du fruit de l'arbre de la connaissance du bien et du mal, ils deviendraient aussi grands que Dieu !

Beaucoup de nos contemporains diraient : s'il t'arrive quelque chose, c'est que d'une manière ou d'une autre, tu l'as méritée ! Ce genre de raisonnement est très actuel : si tu n'as pas de travail, c'est parce que tu ne te déranges pas pour en trouver ; si tu es rejeté, c'est parce que tu ne veux pas t'intégrer… Dieu n'accepte pas que nous ajoutions au poids du malheur la chaîne de la culpabilité. Dieu aime tous ses enfants sans condition préliminaire. Il est indulgent, son pardon s'est fait visible par la croix de Jésus. Dieu nous demande de mettre en valeur la richesse de notre cœur et de nos mains pour que d'autres puissent avoir le droit de vivre. Pour y arriver, acceptons qu'il mette en nous un cœur de chair semblable au sien, un cœur plein d'amour et de compassion, un cœur qui ne renonce jamais à faire disparaître ce qui détruit.

Chercher Dieu, marcher avec lui, suivre avec fidélité les enseignements de Jésus et plus particulièrement son commandement sur l'amour, n'est pas un effort pour se réaliser soi-même, ce n'est pas être un peu plus pieux, ce n'est pas être un meilleur chrétien. Marcher avec Jésus, c'est entendre le cri du pauvre et accepter de défier les puissances qui l'oppriment. Acceptons librement et avec amour de dépendre en tout de Dieu, notre véritable Créateur, de dépendre de l'Amour. Acceptons de marcher avec simplicité et confiance à la suite de Jésus. Toute personne qui se laisse conquérir par le Christ ne craint pas de perdre sa vie, car sur la Croix Il nous a aimé et s'est donné lui-même pour nous. Plus précisément en perdant notre vie par amour nous la retrouvons.

La Croix est la révélation définitive de l'amour et de la miséricorde divine également pour nous, hommes et femmes de notre époque, trop souvent distraits par des préoccupations et des intérêts terrestres et passagers. Dieu est amour, et son amour est le secret de notre bonheur. Cependant, pour entrer dans ce mystère d'amour, il n'y a pas d'autre voie que celle de nous perdre, de nous donner, la voie de la Croix.

Ce n'est pas notre péché qui entraîne la condamnation de Dieu, mais notre refus de nous convertir. Reconnaissons que nous sommes pécheurs et croyons à la nécessité de nous réconcilier avec Lui. Quelle place donnons-nous au sacrement de pénitence dans notre vie ?

L'assassinat d'Abel et la punition de Caïn

Depuis cette première faute, un déferlement du péché envahit le monde entier : l'assassinat d'Abel par son frère Caïn en est un exemple parmi d'autres. Ce premier meurtre est présenté avec une éloquence singulière dans une page du livre de la Genèse *(Gn 4, 1-8)*, une page réécrite chaque jour dans le livre de l'histoire des peuples, sans trêve et d'une manière répétée qui est dégradante. Le livre de la Genèse nous donne quelques détails permettant de comprendre le cheminement de Caïn sur le chemin de la perdition : Caïn et Abel étaient enfants d'Adam et d'Ève. Le premier cultivait la terre et son frère était berger. Après un certain temps, Caïn offrit au Seigneur des produits de sa récolte et Abel, de son côté, présenta les premiers-nés de son troupeau, en offrant les meilleurs morceaux. *(Gn 4, 4b)* Lorsque que Caïn vit l'offrande d'Abel acceptée par Dieu, il s'irrita. Son dépit naquit donc de la jalousie ; cette douleur-là est ce que saint Paul appelle : *"La contrariété engendrée par le monde ne produit que la mort." (2 Co 7, 10)* Le texte biblique ne révèle pas le motif pour lequel Dieu préféra le sacrifice d'Abel à celui de Caïn ; mais il montre clairement que, tout en préférant le don d'Abel, il resta en dialogue avec Caïn. Il l'avertit en lui rappelant sa liberté face au mal : l'homme, créé à l'image de Dieu, n'est en rien prédestiné au mal.

Les mauvaises dispositions de son cœur ne se manifestèrent que par l'abattement qui se peignit sur son visage, mais cet abattement était le signe de mauvaises intentions. Ici encore, comme après la chute du couple Adam et Ève, Dieu, ayant remarqué son irritation ne laissa pas le pécheur à lui-même ; il consentit à lui parler pour le rendre conscient de sa faute et l'empêcher de descendre plus loin dans le mal. Mais Caïn ne réagit pas à cet appel. Caïn ne tint pas compte de l'avertissement de Dieu, et au lieu de renoncer à son projet, il entraîna son frère à l'écart pour le tuer... La jalousie et la colère l'emportèrent sur l'avertissement du Seigneur, et c'est pourquoi Caïn se jeta sur son frère et le tua. Le livre de la Genèse dans le récit du meurtre d'Abel par son frère Caïn, révèle, dès les débuts de l'histoire humaine, la présence dans l'homme de la colère et de la convoitise, conséquences du péché originel. L'homme est devenu l'ennemi de son semblable.

Pourtant, si Caïn avait renoncé à sa jalousie et à son irritation, il aurait été pardonné par Dieu. Caïn ayant refusé d'atténuer son crime en l'avouant, l'interrogatoire fit place à la sentence. Le Seigneur dit à Caïn : *" Qu'as-tu fait ? La voix du sang de ton frère crie de la terre vers moi ! Maintenant donc, sois maudit et chassé loin de cette terre qui a ouvert la bouche pour boire le sang de ton frère, versé par ta main. Tu auras beau cultiver la terre, elle ne produira plus rien pour toi. Tu seras un errant, un vagabond à travers le monde. Maintenant donc, sois maudit ! " (Gn 4, 10-13a), Qu'as-tu fait ?* Question indignée qui n'attend aucune réponse ; elle a pour but de faire rentrer Caïn en lui-même. Aucun témoin ne vit le meurtre, Caïn crut pouvoir le cacher en le niant ; il dut se convaincre avec effroi de la toute-puissance de Dieu et de sa toute-présence. Le sang innocent répandu cria vers le ciel, siège du juge suprême, jusqu'à ce qu'il fût vengé. À l'aggravation de la faute correspondit celle de la peine : ce n'était plus comme pour Adam, la terre qui devint maudite à cause de sa faute, mais Caïn lui-même fut maudit. Dieu voulut dès le premier meurtre couper court à la vengeance individuelle. Le meurtrier fut condamné à quitter la contrée où il avait vécu jusqu'alors tout en sachant qu'en plus où qu'il aille, il ne trouvera jamais la paix, ni le fruit de son travail.

À la base de toute violence contre autrui, il y a le fait de céder à la tentation du démon, c'est-à-dire de celui qui était homicide dès le commencement. Depuis le commencement du monde, le démon a été homicide parce que la vérité n'était pas en lui et il ne s'est jamais maintenu dans la vérité. C'est un menteur et père du mensonge, le mensonge lui vient tout naturellement. L'Écriture atteste l'influence néfaste de celui que Jésus appela *"l'homicide de l'origine." (Jn 8, 44)*. Le démon essaya même de détourner Jésus de la mission reçue du Père. *(Mt 4, 1-11)*. La plus grave en conséquence des œuvres du démon est la séduction mensongère qui nous induit à désobéir à Dieu. Le démon peut se servir de nous, à notre insu, pour faire son œuvre de destruction, de division : une parole désagréable peut faire mal, un geste non contrôlé peut provoquer de la violence, des blessures et même la mort. Notre cœur est le réceptacle d'un grand combat qu'il est bon de mesurer.

Nous devons nous aimer les uns les autres, c'est le message que nous avons reçu et entendu dès le commencement loin d'imiter Caïn qui appartenait au démon et qui égorgea son frère » *(1 Jn 3,11-12)*. Ainsi, le meurtre du frère à l'aube de l'histoire donne un triste témoignage de la manière dont le mal progresse avec une rapidité impressionnante : à la révolte de l'homme contre Dieu au paradis terrestre s'ajoute la lutte mortelle de l'homme contre l'homme. De ce récit, l'Église a tiré l'expression de " péchés qui crient vengeance au ciel" et elle y a inclus, au premier lieu, l'homicide volontaire. Tout au long de l'Ancien Testament, même lorsque Dieu décide de punir son peuple infidèle, il préserve un reste. Par la foi, Abel offrit à Dieu un meilleur sacrifice que Caïn ; par elle il obtint le témoignage d'être juste, d'être approuvé de Dieu, de marcher dans ses voies. (He 19,38 ; Mt 23,35)

Pour aller plus loin

La voix de ton frère crie vers moi
Aller sur " http://www.unifr.ch/tmf/Chapitre-I,209"
Le livre des Origines : Caïn et Abel
"http://www.bibliques.com/lr/Penta/gn04.php"

Le déluge, la punition d'un peuple infidèle et méchant

En voici un exemple choisi dans le livre de la Genèse : Noé était un homme juste et droit marchant avec Dieu mais autour de lui ce n'était que méchanceté et violence ; la terre était corrompue parce que les gens suivaient les chemins du mal. Dieu décida de punir ce peuple infidèle mais sauva Noé et sa famille. *(Gn 6-9)* Ainsi le moment vient où Dieu punit les personnes qui n'ont pas prévu et qui ont préféré vivre dans l'immédiat plutôt que de préparer l'avenir comme il les y invitait. L'avènement du Fils de l'homme ressemblera à ce qui s'est passé à l'époque de Noé : *" À cette époque, avant le déluge, on mangeait, on buvait, on se mariait, jusqu'au jour où Noé entra dans l'arche. Les gens ne se doutèrent de rien, jusqu'au déluge qui les a tous engloutis." (Mt 24, 38-39)*

L'histoire du déluge est mentionnée plusieurs fois dans le Nouveau Testament. La première lettre de Pierre note la patience de Dieu qui accepta que Noé ait construit l'arche avant le déferlement des eaux : *"Tous ces gens d'autrefois qui n'avaient pas voulu croire quand Dieu se montrait patient. C'était le temps de Noé qui, lui, lui construisit l'arche où quelques-uns seulement, huit, en tout, furent sauvés des eaux." (1P 3, 20)*

Bien qu'une issue du chemin spacieux menant à la destruction ait été mise en évidence par l'Évangile, beaucoup de personnes, dépravées par le péché et aveuglées par le démon, ne prêtent pas l'oreille à la Bonne Nouvelle de l'Évangile. Un chemin nouveau s'ouvre pourtant et se montre à celles qui accepteront avec reconnaissance la promesse de la Vie : *"Nous avons là une voie nouvelle et vivante que le Seigneur a inaugurée en pénétrant au-delà du rideau du Sanctuaire, c'est-à-dire de sa condition humaine."* (He 10,20) Mais sa porte est étroite et resserré est le chemin qui conduit à la Vie ; il n'y a que peu de personnes qui choisissent cette voie. C'est vrai que ce chemin est difficile. Mais notre Dieu a le cœur large et son amour est infini. Dieu punit sans tarder les personnes qui le détestent et il se retourne contre elles. Mais, si tu écoutes ses commandements, si tu les gardes et les mets en pratique, lui te gardera, t'aimera et te bénira.

Il est lent à la colère, riche en bonté, et son désir de pardonner subsiste à jamais ! Voici qui fait l'équilibre. *"*Efforcez-vous d'entrer par la porte étroite", nous dit Jésus. La question du Salut est une affaire très sérieuse. Cette porte ouvre le chemin vers le Royaume de Dieu. Cette porte est le Christ lui-même et si quelqu'un entre par lui, il sera sauvé ! *(Jn 10, 9)* Vouloir entrer dans le royaume des cieux par le Christ ne peut se faire que par le don de soi, par l'amour.

La trahison de Judas et sa chute

On a fait bien des suppositions sur les causes psychologiques et morales de la trahison de Judas et aussi sur les raisons de sa présence parmi les douze. Ce serait une erreur de penser que lorsqu'il fut appelé par Jésus à se mettre à son service, il n'avait aucune des dispositions qui auraient pu faire de lui un bon disciple. Mais petit à petit, Judas laissa s'enraciner dans son cœur une passion alimentée par un manque de droiture, passion qui le conduisit à l'hypocrisie, à l'injustice, au vol.

Les évangiles nous le présente à deux occasions où il se révèle. Jean relate, dans son évangile au chapitre douze qu'à quelques jours de la grande fête de Pâques *(le 14 nisan),* Jésus et ses disciples vinrent chez des amis à Béthanie, où ils séjournèrent du vendredi soir au lendemain. On leur fit à souper. Parmi les invités, outre Marthe, Marie et Lazare que Jésus avait ramené à la vie, il y avait aussi quelques amis et parents. Jean ne dit pas dans quelle maison ils étaient venus mais Matthieu et Marc nous apprennent que c'est chez Simon le lépreux, qu'ils étaient venus et que c'est là, vers la fin du souper que Marie oignit les pieds de Jésus d'un parfum de grand prix, et essuya ses pieds avec ses cheveux. *(Mt 26, 6-13; Mc 14, 3-9 ; Jn 12, 1-8)* Alors Judas Iscariote, obéissant à une basse avidité, entraîna plusieurs convives à s'indigner. Selon Judas, tout ce qui n'augmentait pas la possession, était une perte. Ils demandèrent pourquoi ce parfum n'a pas été vendu plutôt trois cents deniers pour donner cette somme aux pauvres. Mais Judas dit cela non par souci des pauvres, mais parce qu'il était voleur et trésorier de la communauté, il dérobait de l'argent qu'on lui avait confié. Jean, Matthieu et Marc ont révélé dans leur évangile que Judas dérobait de l'argent dans la bourse commune et qu'il ne se souciait pas des pauvres.

Aussitôt, Jésus ressentit la peine que ces murmures firent à Marie ; et pour la justifier, il la déclara bonne : "Pourquoi faites-vous de la peine à cette femme ? Car c'est une bonne œuvre qu'elle a faite à mon égard." *(Jn 26, 10)* L'œuvre qu'elle fit par ce geste procédait de la vénération et de l'amour pour Jésus. Ces paroles de Jésus prononcées au sujet de Marie irritèrent Judas et déterminèrent sa trahison. Judas partit le dénoncer aux chefs des prêtres qui cherchaient des moyens pour se saisir de Jésus. Passionné par l'argent, l'appât du gain l'aurait-il poussé à trahir Jésus par avarice ?

Judas avait choisit le chemin de l'égoïsme : Judas se trouvait dans la solitude, et cette attitude égoïste a grandi jusqu'à la trahison envers Jésus. Celui qui aime donne sa vie comme un don, l'égoïste par contre prend soin de sa vie, grandit dans l'égoïsme et devient un traître, mais toujours seul. Celui qui à l'inverse donne sa vie par amour n'est jamais seul, il est toujours en communauté, en famille. Celui qui isole sa conscience dans l'égoïsme, à la fin la perd. C'est ainsi qu'a fini Judas, un idolâtre, passionné par l'argent.
Extrait de l'homélie du Pape François en la chapelle de la maison sainte Marthe (Vatican) le 14 mai 2013

La deuxième occasion où les évangélistes nous donnent des renseignements sur son comportement, c'est lors de la dernière Cène et dans les jours qui suivirent. Malgré les avertissements réitérés de Jésus au cours de son dernier repas, Judas s'endurcit dans son péché et joua avec une passion qui finit par le livrer à la puissance du démon qui lui inspira l'intention de livrer Jésus aux chefs des prêtres et aux anciens. Pendant qu'ils mangèrent, Jésus déclara sans le nommer, que l'un d'eux le livrera. Attristés, ils demandèrent tous : "Est-ce moi ?" Jésus désigna le traître et dit que la mort du fils de l'homme est l'accomplissement des Écritures, mais que celui qui sera l'instrument de cette mort n'en est pas moins coupable et malheureux. Nous savons comment il intervint auprès des autorités juives pour leur livrer Jésus et comment il mit fin à ses jours... *(Mt 27, 3-10 ; Jn 27,3-7 ; Ac 1, 18)* Une foule conduite par Judas Iscariote vint arrêter Jésus dans les jardins de Gethsémani. L'évangéliste Jean nous donne quelques détails sur la fin de Judas... Voyant que Jésus a été condamné par le fait qu'on l'avait livré à Pilate, Judas se repentit, rapporta l'argent de la trahison aux chefs des prêtres et aux anciens. Est-il possible que Judas ait obtenu le pardon de sa faute après s'être repenti ? Des évangiles canoniques, seul celui de Matthieu parle du repentir de Judas. *(Mt 27, 3-4)* et l'évangile de Jean n'aborde pas l'idée d'un pardon possible pour Judas Iscariote. Bien que Judas se soit ensuite éloigné pour aller se pendre *(Mt 27, 5)*, ce n'est pas à nous qu'il revient de juger son geste, en nous substituant à Dieu infiniment miséricordieux et juste.

Pierre, après sa chute, s'est repenti et a trouvé le pardon et la grâce. Judas aussi s'est repenti, mais son repentir a dégénéré en désespoir, se transformant ainsi en autodestruction.

Audience générale du pape Benoît XVI - Vatican, mercredi 18 octobre 2006

C'est pour nous une invitation à toujours nous rappeler de ne jamais désespérer de la miséricorde divine.

La perdition éternelle

Dieu avait créé Adam sans péché pour être en communion totale avec lui. Mais quand sa créature eut désobéi à son commandement, le péché entra dans le monde. Vivre dans le péché conduit à la mort et à la ruine éternelle. Mais Jésus s'est donné en sacrifice pour nous racheter du péché et de la mort. Il subit le châtiment de la crucifixion comme un criminel, alors qu'il était innocent. Son sang versé pour notre salut purifie nos consciences de nos péchés.

Le Nouveau Testament affirme clairement que le péché sera un jour puni : " *Quand le Seigneur Jésus se révélera du haut du ciel avec les anges messagers de sa puissance, dans le feu flamboyant ; il tirera vengeance de ceux qui ne connaissent pas Dieu et de ceux qui n'obéissent pas à l'Évangile de notre Seigneur Jésus. Ceux-là subiront comme châtiment la ruine éternelle, loin de la face du Seigneur et de sa force glorieuse."* (Th 1, 7b-9) Jésus nous donne une leçon très concrète de ce que sera la punition finale dans la parabole du pauvre Lazare et le mauvais riche. *(Lc 16, 19-31)* Cette histoire nous parle du fossé qui sépare les riches des pauvres. Les personnes qui acceptent cette situation se retrouveront à jamais de l'autre côté. Les riches qui restent sourds à la détresse resteront enfermés sur eux-mêmes et les pauvres franchiront les portes de la vraie vie, celle du Paradis. Un abîme sépare le riche dans sa fournaise (en Enfer) de Lazare.

" *Un grand abîme a été mis entre vous et nous, pour que ceux qui voudraient aller vers vous ne le puissent pas, et que, de là-bas non plus, on ne vienne pas vers nous."* *(Lc 16, 26)*

Cet abîme, c'est le riche lui-même qui l'a creusé au cours de sa vie, alors qu'aveuglé par sa richesse il n'avait pas remarqué à sa porte le pauvre qui souffrait. Personne ne l'avait-il averti des conséquences de son insouciance ? Ce grand abîme n'a pas été creusé par Dieu mais bien par l'égoïsme de ce riche. Attention ! Nous voilà avertis ! Cet abîme est creusé par la méchanceté des hommes et il entre avec nous dans l'éternité. Ce fossé sera t-il comblé un jour ? Il ne peut l'être que par Dieu, laissons à sa Miséricorde infinie le soin de trouver le moyen de sortir le mauvais riche de son mauvais pas ! L'égoïsme des nantis creuse d'avantage le fossé entre riches et pauvres et si rien n'est fait, tout le monde court à la catastrophe, y compris ceux et celles qui aujourd'hui jonglent avec l'argent. Ce fossé se creusera aussi, comme dans la parabole, pour l'éternité, ne l'oublions pas ! Nous serons jugés avant tout sur nos fautes d'omission. J'avais faim et tu ne m'as pas donné à manger !

L'Évangile ne dit pas quel péché a condamné le riche à l'Enfer. Son péché, c'était de ne pas vouloir voir Lazare couché devant sa porte et lui porter assistance. C'est la perversion de son esprit qui l'a conduit en Enfer et particulièrement lorsqu'elle lui inspirait haine et mépris pour toutes les personnes qui réclamaient les exigences de la justice. Les pauvres de notre époque sont une multitude ; ils sont le quart-monde. Les pays riches et les minorités privilégiées se sont emparés de la table à laquelle tous avaient droit ; les industries nationales et les sources d'emploi sont systématiquement détruites par la mondialisation des échanges commerciaux affranchis de toute morale sociale ainsi que par la délocalisation d'entreprises vers des pays où les salaires accordés aux travailleurs sont minables. Ils sont des centaines de millions qui s'enfoncent dans la désocialisation jusqu'à ce qu'ils meurent de misère, ou par la violence née d'une vie déshumanisée *(actions terroristes, assassinats, car jacking, enlèvements, attaques à main armée...)*. Les pauvres de nos villes vivent dans les couloirs de nos métros, dans des maisons insalubres, des abris de fortune ou tout simplement dans la rue et dans les pires cas parmi les décombres et les immondices, jusqu'à ce qu'une mort prématurée leur permettent de trouver quelqu'un qui les aime, en compagnie d'Abraham et des anges : *"Le pauvre mourut, et les anges l'emportèrent auprès d'Abraham. Le riche mourut aussi, et on l'enterra. Au séjour des morts, il était en proie à la torture" (Lc 16, 22-23a))*
Dans sa souffrance, il implora Abraham d'envoyer Lazare dans sa famille pour avertir les siens des conséquences d'une mauvaise conduite. Cet homme croyait qui si quelqu'un pouvait venir du séjour des morts avertir les membres de sa famille, alors ils se convertiraient. Croyez-vous que pour autant, depuis la résurrection du Christ, la richesse aveugle moins les gens ?

Cette parabole nous rappelle les exigences de l'amour du prochain : Il n'y a qu'un seul commandement nous dit le Christ : *"Je vous donne un commandement nouveau, c'est de vous aimer les uns les autres, comme je vous ai aimés. Vous aussi, aimez-vous les uns les autres. À ceci tous connaîtront que vous êtes mes disciples, si vous avez de l'amour les uns pour les autres. (Jn 13, 35)* Cette parabole nous enseigne aussi l'importance unique de la Parole de Dieu. Seule cette Parole pouvait convertir les frères du riche et les sauver : *" Ils ont Moïse et les Prophètes : qu'ils les écoutent !" (Lc 16, 29)* Ne restons pas aveuglés par nos richesses : richesses matérielles, culturelles, de nos amis ou relations, spirituelles, alors que nous croisons tant de pauvres dans la rue ! Lazare dans notre monde, aujourd'hui, c'est septante pour cent de gens qui sont couchés sur le seuil de notre porte à cause de leur misère ou de leur situation précaire !

En soulignant la situation dramatique du riche, cette parabole insiste sur l'urgence des choix à faire. Demain il sera trop tard ! Quels gestes concrets peux-tu faire pour apporter ton aide ? Sans orgueil, sans sectarisme, mais plein d'estime et de compréhension porte secours à ton frère en détresse. Si tu as en suffisance de la nourriture jusqu'à la fin de cette semaine, tu es certainement riche par rapport à celui qui ne sait pas encore s'il mangera ce soir. Matthieu, au chapitre vingt-cinq de son évangile rapporte ces paroles du Christ à propos du serviteur paresseux et mauvais *(parabole des talents) :" Quant à ce serviteur bon à rien, jetez-le dehors dans les ténèbres ; là il y aura des pleurs et des grincements de dents" (Mt 25,26)* Méchanceté et paresse, tels sont les deux vices que le maître vit dans le cœur et dans la conduite de son serviteur. Celui-ci les dévoila abondamment dans sa manière d'agir et dans ses sentiments envers son maître. *(Mt 25, 24-27)* Qui est visé derrière ce serviteur paresseux et mauvais ? Sont visées ici toutes les personnes qui devant le message de l'Évangile refusent les exigences de Dieu : les pharisiens qui étaient satisfaits de leurs bonnes œuvres croyant être ainsi quittes devant Dieu.

Mais les chrétiens qui enterrent la Parole de Dieu pour ne pas se compromettre pour elle et toutes celles qui ne vont pas jusqu'au bout de leurs possibilités parce qu'elles estiment qu'il est plus prudent de se ménager. Sommes-nous enclins à conserver nos rites et nos traditions plutôt qu'à rechercher une formulation nouvelle du message de l'Évangile et une liturgie plus ouverte pour notre communauté paroissiale ? Enfouir ses talents, c'est avoir l'obsession de la sécurité et croire qu'en agissant ainsi l'on évitera tout risque. Être chrétien, c'est être disciple du Christ, c'est faire fructifier les talents que nous avons reçus. La Parole de Dieu ne nous a pas été donnée pour que nous la gardions comme une sorte de trésor stérile. Nous sommes responsables de sa diffusion. À la fin de notre vie, Dieu nous en demandera compte. Dans cette histoire racontée par Jésus, l'homme qui confia ses biens avant de s'absenter, c'est Jésus lui-même. Les serviteurs sont ses disciples d'alors et d'aujourd'hui quelles que soient leur position ou les fonctions que l'Église leur confie. Les talents représentent tous les dons reçus de Dieu. Ces talents sont répartis à chacun selon sa capacité, *(Mt 25,15)* conformément à la sagesse divine qui sonde les cœurs, mesure les forces morales et intellectuelles et connaît le degré de réceptivité de chaque personne.

Comme les capitaux s'augmentent par les intérêts, par le travail, de même toutes les grâces reçues de Dieu se multiplient par leur emploi fidèle dans notre vie. Le retour du maître qui vient faire le bilan avec ses serviteurs, aura lieu au dernier jour de notre vie. Le bonheur des serviteurs fidèles qui seront reçus dans le Royaume des cieux, aussi bien que le malheur du serviteur méchant et paresseux qui se voit dépouillé de son talent et jeté dans les ténèbres du dehors, s'explique de lui-même. Jésus nous invite donc à nous accepter tels que nous sommes, les uns ont reçu de nombreux talents, d'autres peu. Plutôt que de nous comparer à ceux qui, selon nous, ont reçu d'avantage, il est plus important que nous découvrions les dons que Dieu nous a faits dans son amour infini. Nous devons faire fructifier tout ce que nous avons reçu. Seul l'amour nous donnera la force d'être actifs, de porter du fruit en abondance et cela dans notre milieu de vie. La parabole des mines *(Lc 19, 11-27)*, qui ressemble beaucoup à celle des talents insiste sur la justice de Dieu : chacun recevra selon ses mérites. Le bonheur des cieux ne se distribue pas de manière égalitaire. Chaque personne connaîtra Dieu et partagera sa gloire dans la mesure où elle aura été capable d'aimer au cours de sa vie.

Au jour du jugement, Dieu agira envers nous comme nous aurons agi envers notre prochain. Mais il nous laisse choisir la manière dont nous voulons être jugés par lui. Dans tous les récits traitant du Royaume de Dieu, nous trouvons en filigrane deux chemins : celui de la vie et celui de la perdition. À la question de Pierre : "Seigneur, quand mon frère commettra des fautes contre moi, combien de fois dois-je lui pardonner ? Jusqu'à sept fois ?" *(Mt 18, 21 ; Lc 17, 3)* Jésus refusa d'entrer dans ces calculs : tu pardonneras soixante-dix fois sept fois ! *(Mt 18, 23 ; Mt 25, 19)* Ce qui signifie un nombre indéfini de fois. Nous devons pardonner sans limite, mais il faut aussi que celui qui est pardonné manifeste le regret de ses fautes. Pour bien le faire comprendre, Jésus, comme il en avait l'habitude dans son enseignement, raconta une histoire comparant le Royaume des cieux à un roi qui voulut régler ses comptes avec ses serviteurs. On lui en amena un qui lui devait dix mille talents. Le serviteur implora son maître de lui accorder un délai pour le remboursement. Saisi de pitié devant ce serviteur effondré, le maître lui accorda plus que ce qu'il demandait, il le relâcha en effaçant sa dette ! En quittant son maître, ce serviteur rencontra un collègue qui lui devait cent deniers, lui donna des coups et exigea le remboursement illico. Comment put-il agir de la sorte, alors que son maître avait effacé sa dette ? Nos offenses qui nous sont faites ne sont rien en comparaison des nôtres envers Dieu. Vis-à-vis de Dieu, nous sommes tous dans la situation de ce serviteur qui doit à son maître une somme importante. Par un amour infini, Dieu nous a remis notre dette. Comment alors pourrions-nous avoir envers quelqu'un une rigueur extrême et refuser de pardonner ? Apprenant ce que ce méchant serviteur avait fait, son maître entra en colère et le livra aux bourreaux jusqu'à ce qu'il eut tout remboursé ! Et Jésus de conclure sa leçon en mettant en garde ses contemporains et nous aussi

C'est ainsi que Dieu vous traitera, si chacun de vous ne pardonne pas à son frère de tout son cœur ! (Mt 18,35)

Pardonner de tout son cœur, pardonner toujours, avec la compassion du pécheur implorant Dieu, telle est la seule marque certaine qu'il a reçu son propre pardon, et tel est le sens de cette parabole. Un temps nous est donné pour la conversion. Les derniers temps vont venir sous la forme d'une année sabbatique *(Dt. 15,1-5)*, durant laquelle Dieu remettra la dette énorme de l'humanité et offrira la justification. Certains cependant refuseront ce don, et se condamneront eux-mêmes au malheur sans fin.

Question brûlante : n'y aurait-il que peu de gens à être sauvés ?

"Seigneur n'y aurait-il que peu de gens à être sauvés ?" Cette question redoutable qui fut posée à Jésus par ses disciples, nous est aussi adressée et nous met dans l'embarras. Comment parler du salut ? Comment concilier l'amour de Dieu pour tous les hommes sans exception et son respect de leur liberté ? Si tout le monde va au ciel, alors il ne faut pas s'en tracasser. Si très peu de personnes y vont, pourquoi faire tant d'efforts ? Dans l'Évangile selon Luc, au chapitre treize, Jésus renvoie chaque personne à la décision qu'elle doit prendre : Dieu sauve les hommes gratuitement. Mais, il ne les sauve pas malgré eux, sans leur accord. Il leur laisse la liberté de s'opposer à son don bienveillant. Dieu nous laisse le choix, la liberté de refuser l'amour qu'il propose. Jésus veut nous rendre responsable de notre destin et pour nous le faire comprendre, il utilise une image très fréquente dans la Bible : le royaume de Dieu est comparable à une salle de festin. Mais, il ajoute : *"Efforcez-vous d'entrer par la porte étroite, car, je vous le déclare, beaucoup essayeront d'entrer mais ils ne le pourront pas !"* Il est donc urgent de nous poser la question : pour gagner le ciel, quel est donc mon combat à moi ? Sur quels points précis dois-je porter mon attention et me remettre en question ? Le temps presse, demain il sera trop tard. Oui, un jour pour toi, pour moi, il sera trop tard ! Combien de temps nous reste-t-il ? Il faudrait que nous vivions chaque jour comme si c'était le dernier. Pour aller à la fin de notre vie au ciel, il faut le vouloir, il faut se battre pour, il faut opter pour Jésus ! Ce n'est pas l'appartenance à un groupe, à une communauté, à une paroisse, ni la pratique de quelques rites, assister à la messe de temps en temps, qui peuvent nous donner une illusoire assurance, c'est l'engagement de toute notre personne à la suite de Jésus. Et surtout ne jugeons pas les autres. Dans notre prière, demandons à Jésus de nous aider à lui redire oui. Au jugement, les méchants ne se lèveront pas, ni les pécheurs au rassemblement des justes. Le chemin que nous suivons, image de notre vie, s'il n'est pas fondé en Dieu est amené à disparaître de lui-même. Le Seigneur connaît les hommes en qui sa parole a créé un lien de parenté avec lui. Moi, nous dit Jésus, je suis le bon pasteur ; je connais mes brebis, et mes brebis me connaissent. *(Jn 10, 14)*

Toute sa vie, le juste rend grâce au Seigneur en produisant des fruits d'amour, de justice et de paix. Toute la vie des justes est placée sous le signe de l'amour infini de Dieu. Par opposition, le chemin du méchant est abandonné ; c'est un chemin fermé, sans issue et ne conduisant nulle part. N'entre pas dans la voie des méchants, des gens peu stables et sans principes. Ne suit pas la route des gens habitués à une vie coupable comme ces pharisiens et ces scribes qui récriminaient contre Jésus. Ne suit pas les rieurs, ces personnes, dont l'esprit profane ne voit plus dans les textes sacrés que matière à plaisanterie. Le juste est comme un arbre planté près d'un ruisseau, qui donne du fruit en son temps. L'Esprit Saint est une eau vive qui rafraîchit et renouvelle notre vie intérieure. Pour celui qui croit en moi, dit Jésus, des fleuves d'eau vive jailliront de son cœur. *(Jn 7, 38)* Tout ce que le juste entreprend réussira. Le succès ne sera pas toujours immédiat ni apparent ; mais ni les crises, ni sa vieillesse ne l'empêcheront de porter du fruit. *(Psaume 1)*

Suivons les conseils de l'apôtre Paul : le Royaume des cieux s'aborde sur le mode de l'engagement. Il nous faut accomplir des actions concrètes avec un esprit d'amour pour y avoir accès. Pour tous, une seule question se pose : que devons-nous faire ?

Cherchez à imiter Dieu, soyez pleins de générosité, de tendresse. Faites disparaître de votre vie tout ce qui est amertume, emportement, colère, éclats de voix ou insultes, ainsi que toute espèce de méchanceté, pardonnez-vous les uns aux autres. Oui, levons-nous, marchons sur le chemin que Jésus nous a tracé en nous abreuvant chaque jour à sa parole. Alors notre feuillage demeurera vert et nous porterons des fruits de joie, de bonheur et de paix que nos frères seront heureux de venir cueillir. *(Ep 4,30-5,2)*

Les réponses données à cette question sont diverses. C'est, selon Jean-Baptiste, des gestes de pénitence, de conversion : " *Produisez donc des fruits qui expriment votre conversion"* (Lc 3,8) ; ou encore des prières : " *Les disciples de Jean jeûnent souvent et font des prières* (Lc 5,33). À ses auditeurs, Jean Baptiste donnait des conseils de partage fraternel *(Lc 3, 11)*, de modération, de justice et de douceur *(Lc 3, 13-14b)*,

Aimer permet de passer par la porte étroite. Aimer c'est aussi nous réjouir de ce qui est, de ce qui peut ou doit changer... Demandons à Dieu de nous guider dans cet esprit. Efforçons-nous donc d'entrer par la porte étroite, recommençant autant de fois que nécessaire, tout en étant confiants dans la miséricorde de Dieu. Il faut se sauver avant qu'il ne soit trop tard ; car au bout d'un certain temps, la porte étroite sera fermée, et les retardataires frapperont en vain, comme les vierges folles de la parabole. *(Mt 25, 1-13)* Retenons que c'est par notre manière de vivre que nous programmons notre salut avec la grâce de Dieu. Une vraie conversion doit se traduire par des actes et non seulement par un changement de mentalité ou de volonté. Ces actes de la conversion sont à faire dans la vie sociale ou professionnelle : partager, accomplir son devoir d'état avec justice, ne pas profiter de sa situation. Le messie qu'annonça Jean Baptiste est avant tout un justicier, charger de trier les bons des mauvais : " *Il tient à la main la pelle à vanner pour nettoyer son aire à battre le blé. Il amassera le grain dans son grenier ; quant à la paille, il la brûlera dans un feu qui ne s'éteint pas. " (Lc 3, 17)*

L'aire en Orient, était préparée et aplanie sur le champ même où l'on moissonnait. On y foulait le blé au moyen de bœufs ou d'instruments propres à cet usage, puis on le vannait, la paille était rejetée sur le champ et brûlée, tandis que le grain était recueilli dans les greniers. Voir aussi à Mt 3, 11-12 et à Mc 1, 7-8

Cette séparation commence d'une manière intérieure et invisible, dès ici-bas, elle sera consommée plus tard et manifestée au dehors par l'exclusion des impies du royaume des cieux, représenté par le grenier. Mais Jésus a récusé ce rôle, lui, l'ami des publicains et des pécheurs, sa fonction de juge ne s'est pourtant pas éclipsée : la Bonne Nouvelle de l'Évangile fait déjà le partage entre les personnes. Il y a celles qui en l'entendant changent leur vie et celles qui ne changent rien ou se contentent de bonnes intentions.

Heureuses sont les personnes qui croient sans avoir vu. Nous ressemblons tous un peu à l'apôtre Thomas, resté incrédule devant l'annonce de la résurrection de Jésus. *(Jn 20, 25)* Mais lui ressemblons-nous pour affirmer avec lui que Jésus est notre Seigneur et notre Dieu ? *(Jn 20, 28)* Thomas est pour nous la figure de l'homme incrédule. Les autres disciples ont bien vu le Christ ressuscité et ils ont cru qu'il est bien vivant. Par contre, Thomas a été le premier à reconnaître que Jésus, celui qui a ri et a bu le vin lors d'un mariage à Cana, qui a pardonné à la femme adultère, qui a pleuré sur la tombe de son ami Lazare, dont il a touché le corps labouré des cicatrices de sa passion *(Jn 20, 27)*, celui là est Dieu. " Mon Seigneur et mon Dieu", c'est le cri de foi de Thomas pour qui le toucher est devenu inutile. Il a compris que Jésus, même invisible, est là ! Il a compris que Jésus, invisible était là, présent, à l'heure de ses doutes. Qui est Jésus Christ pour toi ? Est-il l'idéal de ta vie, le moteur de ta générosité ? Jésus Christ est-il pour toi celui qui te révèle une religion d'amour, de pardon et de justice pour les plus petits ? Si Jésus Christ pour toi n'est que cela, quand ton idéal s'effritera, quand ta générosité diminuera et quand t'auront désabusé les mots d'amour, de pardon et de justice, tout s'écroulera ! Si Jésus n'est pas Dieu, ni sa mort, ni son pardon, ni la paix qu'il promet ne peuvent te sauver. Si Jésus n'est pas ressuscité, s'il n'est pas Dieu, alors notre foi est vaine ! *(1 Corinthiens 15)*

Cette résurrection du Christ, que signifie-t-elle pour les chrétiens ?

Si Jésus n'est pas ressuscité, dit Paul dans sa première lettre aux chrétiens de Corinthe, notre prédication et notre foi sont vaines. *(1 Co. 15, 12-14)* Mais s'il est ressuscité, dit aussi Paul, alors c'est l'appel d'air. Si tant de gens croient que Jésus Christ est ressuscité, c'est qu'ils ont perçu que quelque chose a été bouleversé dans leur vie, une sorte de passage de la mort à la vie, une ouverture de l'espérance. En général, ces gens là donnent de leur vie, comme si déjà elle était tout autre, dès maintenant. Puissent nos doutes et nos questions, comme pour Thomas, être chemin de foi !

Je crois : tels sont les premiers mots du Credo. Je crois en un seul Dieu, le Père tout puissant. La grâce de la foi est un don de Dieu qu'il faut sans cesse demander. Seigneur, je crois, mais viens en aide à mon peu de foi. Seigneur, je ne mérite pas que tu entres sous mon toit, mais dis seulement une parole et mon serviteur sera guéri, priait le centurion romain.*(Mt. 8, 8)*

Quand on aborde les questions de la foi et des questions qui portent sur la religion, nous avons tendance de parler immédiatement de Dieu, de prouver son existence. Par respect pour son nom, ne le nommons pas trop vite. C'est en nous que nous devons chercher la trace de Dieu et si elle ne s'y trouve pas, rien ne peut nous permettre de parler de lui. Que nous le voulions ou non, nous sommes tous habités par la question de l'absolu ou du mystère de l'absolu de notre existence.

" L'absolu est auprès de nous, dès le commencement " (Hegel)

Croire ne va de soi pour personne. Il ne s'agit pas de croire que Dieu existe, mais de croire que toute personne n'existe que pour Dieu ! En d'autres termes, Dieu s'intéresse-t-il à nous ? Autre question que nous sommes amenés à nous poser : Dieu peut-il intervenir dans notre histoire pour notre bien ? Depuis Abraham, la foi a répondu " Oui " Abraham est notre modèle et notre guide parce que tout simplement, il eut foi dans le Seigneur. Bien qu'au début de son histoire personnelle, Abraham fut un vagabond immigré, Dieu s'est lié à lui par une Alliance, en s'engageant à lui par trois promesses : une présence, une descendance et une terre. Une présence : je serai avec toi, une descendance : je te rendrai fécond, très fécond. Tu deviendras non pas une, mais des nations et des rois sortiront de toi. *(Gn 17, 6a)* et une terre : lève les yeux et regarde de l'endroit où tu te trouves vers le nord et vers le midi, vers l'orient et vers l'occident. Tout le pays que tu vois, je te le donnerai à toi et à tes descendants pour toujours." *(Gn 13, 14-15)* Pour le monde musulman, Abraham est connu comme Ibrahim et il est l'un des prophètes les plus importants, à la fois en tant que prêcheur du monothéisme et en tant que père d'Ismaël puis d'Isaac *(voir aussi en Gn 16, 7-15)*.

Si vous ne croyez pas, vous ne tiendrez pas. *(Is 7, 9)* Telle fut l'attitude d'Abraham qui s'est appuyé sur Dieu. Jésus, à la fin de son discours sur la montagne, reviendra sur ce thème et Matthieu nous dit qu'Il enseignait avec autorité : Jésus nous invite à nous engager dans la construction du Royaume et de vivre en accord avec ces valeurs. Agir ainsi, c'est bâtir sa vie sur un roc solide *(Mt 7, 24,29 ; Lc 6, 47-49)*.

Croire en Dieu, c'est entrer dans un dialogue avec Lui. Pour bien nous y préparer, partons d'un exemple choisi dans notre vécu. Par exemple, quand j'ai rendez-vous avec un ami ou une amie je me prépare à la rencontre. Je pense à l'avance à ce que je voudrais lui dire, lui confier... Si je le reçois chez moi, je peux même arranger la pièce pour qu'elle soit agréable avec un bouquet, de la musique de fond, etc. Je me prépare le cœur pour donner et pour recevoir. Je me dispose à la rencontre sans savoir exactement ce qu'elle sera.

Croire ne suffit pas : encore faut-il que la foi soit placée au bon endroit, sur la bonne personne. Mettre sa foi en l'Église ou dans les sacrements ou dans une personne déclarée sainte ou encore en ses propres bonnes actions, n'est pas la foi dont parle la Bible. Croire que Dieu existe ou encore que Jésus Christ a existé ne suffit pas non plus. La foi qui sauve, la foi vivante, la foi qui réconcilie l'homme avec son Dieu, est la confiance en l'efficacité totale de la mort et de la résurrection de Jésus Christ. Cette foi là ne s'effondre pas devant le moindre doute : elle est ancrée sur la nature de Dieu, sur ses promesses infaillibles. Pour retrouver la foi, il faut revenir aux

sources : la Bible (par laquelle Dieu nous parle) et Jésus Christ " La foi vient de ce qu'on entend et ce qu'on entend vient de la Parole du Christ" (Rom 10, 17)
Pasteur Emmanuel Bozzi

Croire, c'est adhérer à Jésus Lumière. Nous jugeons sur les apparences : les records de l'athlète, la beauté ou le jeu d'un acteur, la réussite scolaire ou sociale… Dieu, lui, voit le cœur. C'est par notre cœur que nous entrons en relations avec les autres et avec Dieu ; c'est notre cœur bon ou mauvais qui déterminera notre comportement dans tout ce qui fait notre existence. Voilà ce que Dieu regarde, qui nous échappe si souvent, et c'est pourquoi les choix de Dieu nous déconcertent fréquemment. Soyons assez lucides pour reconnaître ce qui est capable de plaire à Dieu et laissons-nous éclairer par la véritable lumière pour devenir à notre tour lumière pour nos frères en témoignant d'une vie de bonté, de justice et de vérité. Est-ce bien ainsi que nous comprenons l'exigence missionnaire de notre baptême ? Ne serions-nous pas retombés dans nos ténèbres passées par notre routine, notre tiédeur, nos reniements ?

Par la guérison miraculeuse d'un aveugle-né, Jésus donna la vue à un homme qui ne l'avait jamais eue, puisqu'il était aveugle depuis sa naissance. En faisant ce miracle, Jésus a voulu nous faire comprendre que lui seul, parce qu'il est la Lumière du monde, peut donner la vraie vue à l'homme, la vraie vue qui est la vue de la foi ! Car la foi est véritablement une vision, une vision anticipée de la Gloire future du Ciel, une vision réduite à un point lumineux perdu dans l'obscurité de ce monde transitoire…

Tout au long de cet évangile de l'aveugle-né, personne ne connaissait Jésus, hormis ses disciples. L'aveugle-né, une fois guéri, pensa que Jésus était un prophète, un prophète parlant au nom de Dieu, et il se hasarda même à le dire. Certains pharisiens se posèrent des questions, mais aucun ne sembla convaincu. En fait tout le monde eut peur, peur d'être jeté hors de la synagogue, peur surtout de ce surnaturel, qui, parce qu'il est au-dessus de la nature, nous est inconnu. Il n'y a vraiment que l'ancien aveugle qui n'eut pas peur : n'alla-t-il pas jusqu'à oser inviter les pharisiens à devenir disciples de Jésus ? Celui qui recouvra la vue éprouva cette vision de Dieu que lui donnera ensuite la foi. En voyant, l'ancien aveugle sentit en lui cette douce confiance que procure la foi aimante qui rattache au Seigneur tout-puissant. Même s'il ne sut pas et ne crut pas encore que c'est Dieu qui l'a guéri, il éprouva en lui cette présence de sa toute-puissance dans le simple fait de voir et d'exercer son sens de la vision : ce simple fait bannit de lui toute peur ! L'aveugle-né a vu et a cru, l'apôtre Thomas a vu et a cru. Jean venu au tombeau, le premier jour de la semaine après la mort de Jésus, voyant les linges restés là, cru en la résurrection de Jésus. Heureux es-tu si tu crois sans avoir vu ! C'est la foi qui donne la vision, et non pas la vision qui donne la foi. Croire, c'est adhérer à Jésus Lumière !

Bien que je n'aie jamais vu Dieu, je crois qu'il existe et qu'il est le créateur de l'Univers. Dieu a parlé à l'humanité et cette Parole est fondatrice de la foi. La Bible nous apprend que Dieu a interpellé l'homme pour dire qu'il existe et pour lui révéler son nom, pour lui dévoiler son amour, ses projets.

En voici quelques exemples...

- *L'histoire du peuple de Dieu commence par l'ordre donné à Abraham de quitter sa patrie et par une promesse : "Je ferai de toi une grande nation". (Gn 12, 1)*
- *Dieu appelle Samuel (Premier Livre de Samuel au chapitre trois)*
- *Au mont Sinaï, , dans le buisson ardent, Dieu se révèle à Moïse : "Je suis celui qui suit." (Ex 3, 14)*
- *Dieu parle à Job (livre de Job au chapitre quarante)*
- *Dieu fait homme, né à Bethléem, mort sous Pilate, ressuscité et glorifié, toujours présent dans le monde. (Voir les récits des évangiles de Matthieu, Marc, Luc et Jean)*

L'acceptation de la foi ou l'écoute de la foi implique une double démarche : accueil et adhésion personnelle. Accueillir Jésus Christ et son message, se greffer sur lui en pratiquant les vertus évangéliques, c'est être son témoin. Être chrétien, c'est être un témoin du Christ. Être chrétien ce n'est pas d'abord pratiquer une religion, mais vivre une foi. Certains pensent être chrétien parce qu'ils ont été baptisés à leur naissance (rite) mais ils oublient que sans une foi et une conversion personnelle le baptême n'a pas de sens. Cependant, pour chacun de nous il est nécessaire d'avoir été soumis à une loi, d'avoir appris à obéir sans discuter durant nos premières années. (En éducation, tout se joue avant l'âge de cinq ans, dit-on souvent). Cette première formation est irremplaçable ; ensuite, nous saurons obéir à notre conscience sans la confondre avec nos caprices ! Mais il n'y a pas que les chrétiens à croire en Dieu. Pendant des siècles le monde connu affirmait l'existence de Dieu, sous diverses formes. Aujourd'hui, que l'on soit pour ou contre, il continue à passionner un débat. Rares sont les personnes qui rejettent la croyance en Dieu sans se réfugier dans une autre croyance.

Notre seule peur, affirme le Christ, devrait être de perdre la foi ! Notre seule crainte devrait être de ne pas avoir le courage de professer et de vivre de notre foi. Osez proclamer votre foi là où vous vivez ! Osez témoigner du Christ dans votre famille, dans votre quartier. N'ayez pas une sorte de foi souterraine que personne ne pourrait constater. Nous ne devons pas avoir honte d'agir ou de parler en tant que croyants. Au besoin, nous avons le devoir de confesser nos convictions chrétiennes en public. Si vous ne pouvez pas vous débarrasser de votre peur, regardez d'où vient la plus grande menace. Vient-elle de Dieu ou des hommes ? Jésus nous rappelle que si nous le perdons, nous nous perdrons nous-mêmes. *(Mt 10, 33)*

C'est nous qui composons, dès maintenant, notre jugement. Jésus ne se sépare que des personnes qui se sont séparées de lui. Il ne renie que celles qui ont d'abord commencé à le renier le premier ! Cependant pas de panique ! Aucun reniement n'est fatal ni définitif. Aucun péché, même le plus grave, n'est impardonnable à condition de se prononcer clairement pour Jésus, de croire sincèrement que Jésus sauve et pardonne.

On ne se débarrasse pas facilement de Dieu ! Il y a tellement de raisons de croire que Dieu existe. Vous voulez connaître Dieu ? Allez le trouver et faites-le parler. Vous en saurez alors beaucoup sur lui. Écoutez-le bien ! L'écoute de Dieu n'est pas facile, n'y absolument évidente. Il est difficile de s'ouvrir à quelqu'un qu'on ne voit pas, mais qui pourtant se fait connaître. Croire, c'est faire le choix d'accueillir Dieu dans sa vie. Cette démarche peut se faire par la prière. Prier, c'est parler à Dieu comme nous le faisons avec quelqu'un d'autre, avec sincérité, avec honnêteté. Lorsque nous prions, nous sommes tentés de dire : " Écoute Seigneur, ton serviteur parle" au lieu de "Parle Seigneur, ton serviteur écoute. Seigneur, qu'attends-Tu de moi ? "

Notre prière ressemble souvent à celle de Job qui, s'adressant à Dieu, lui dit carrément : *" Écoute-moi, à moi la parole, je vais t'interroger et tu m'instruiras."* (Job 42, 7) Prions plutôt comme Salomon qui demandait à Dieu *: "Il te faudra donner à ton serviteur un cœur qui écoute. "* (1 Roi, 3, 9) C'est seulement parce que leur cœur était à l'écoute que certains ont pu découvrir la présence de Dieu.

Écouter Dieu, c'est une chose qui s'apprend. L'appel de Dieu prend l'apparence des voix qui me sollicitent. Ce sont les autres autour de moi, les évènements de l'histoire de notre monde ou de l'Église, les responsabilités qui sont les miennes qui me transmettent sa volonté, son appel, ma vocation. Parle Seigneur, ton serviteur écoute"

Prier, c'est d'abord désirer pour nous ce que nous demandons à Dieu et nous offrir à lui pour le réaliser. Lorsque nous prions le Seigneur, au moment de l'anamnèse, en lui disant : "Viens Seigneur Jésus", est-ce que nous le désirons réellement ? Qu'est-ce que cela change dans notre manière de vivre, de penser, d'aimer les autres ? Car c'est bien d'amour qu'il s'agit, comme Jésus nous le rappelle dans l'Évangile. Nous ne pouvons désirer le Seigneur qu'en désirant aimer comme lui !

Un temps de prière est un moment privilégié de rencontre avec Dieu lui-même. Alors pour vivre ce rendez-vous et ne pas le rater, je m'y prépare en fixant le moment, et en décidant de la durée. Je choisis l'endroit où je vais me poser afin d'être tranquille, sans téléphone et sans risque de coup de sonnette intempestif. Je pourrai même y allumer une bougie, mettre une image pieuse et un fond musical si cela m'aide. Je pense un peu à l'avance à la manière dont je vais prier pour ne pas arriver au rendez-vous en me demandant quel va être le sujet de notre conversation. Je me prépare le cœur pour donner et pour recevoir et je me dispose à la rencontre sans savoir exactement ce qu'elle sera.

Comment prier ? Voici un exemple de prière simple : *Jésus, je te remercie de ton amour pour moi et de ce que tu es venu dans le monde pour mourir pour moi. Je reconnais que jusqu'à présent j'ai dirigé ma vie sans toi et que j'ai péché. Je veux maintenant changer de vie, vivre avec toi et te suivre toujours. Pardonne mes fautes et viens me communiquer ta présence dans ma vie. Merci Jésus.* Si tu le désires, tu peux faire maintenant cette rencontre magnifique avec Dieu. Si tu es prêt(e), tu peux prier de cette façon, en utilisant tes propres mots. Est-ce que tu pries pour la foi ? Est-ce que tu pries quand tu as des décisions à prendre ? Est-ce que tu pries à partir des évènements ? N'oublie pas de prier pour les personnes dont tu as la responsabilité. Prie aussi le Seigneur pour tes parents et pour tes enfants.

Quand tu veux prier, dis : Père ! C'est comme cela que tu dois commencer : dire "Père" à Dieu, le créateur de l'Univers. Le dire avec la certitude d'être aimé tel que tu es, et tel que tu as été. C'est seulement lorsque tu t'es approché de Dieu en lui disant "Père" que tu commences ta prière, en lui parlant de Lui-même : "Que ton Nom soit sanctifié" ; c'est-à-dire : à toi de le faire connaître et aimer autour de toi pour que les personnes que tu rencontres aient elles aussi la joie de goûter à son amour infini. Que ton règne vienne ! Dieu il t'aime vraiment. Ne l'oublie jamais ! Sa volonté est que nous nous aimions les uns les autres comme il nous aime.

"J'exhorte les familles à vivre la dimension chrétienne de l'amour dans les simples actions quotidiennes, dans les relations familiales en surmontant les divisions et les incompréhensions, en cultivant la foi qui rend la communion encore plus solide "
(Benoît XVI, 02 mai 2010)

Donne-nous aujourd'hui le pain de chaque jour : chaque jour, Dieu s'intéresse à toi. Demande lui seulement ce que tu as besoin pour vivre. Mais n'oublie pas, si tu ne manques de rien de prendre soin des autres en partageant. Pardonne-nous nos péchés, car nous-mêmes nous pardonnons à tous ceux qui ont des torts envers nous. C'est bien que tu te sentes pardonné par Dieu, le Père de tous ! La paix reçue de son pardon te donne envie de la communiquer autour de toi. Avec l'aide de Dieu, tu dois avoir le courage de pardonner à ceux et à celles qui t'ont fait du tort. Ne nous soumets pas à la tentation : tu veux vraiment faire du bien autour de toi, mais il t'arrive de faire parfois du mal. Appuie-toi sur Dieu, sur sa force et sur sa lumière pour choisir de faire le bien.

La question importante n'est pas de savoir s'il y aura un petit ou un grand nombre d'élus, mais de faire ce qu'il faut pour entrer dans le Royaume de Dieu. Le salut est un don de Dieu, personne ne peut être assuré du sien ni de celui des membres de sa famille, ni des autres, sous prétexte qu'il a été baptisé, régulier à la messe du dimanche, militant dans les œuvres, en sommes nous bien persuadés ?

Combien de personnes seront sauvées ? Il y a une question plus pressante que celle-là : " Le serez-vous vous-mêmes ? " Combattez pour entrer ! nous demande Jésus ! Beaucoup personnes ont le privilège de le rencontrer, très peu font l'expérience des richesses de l'Évangile et à cause de ce manque, ils ne produisent pas de fruits. Les élus seront les personnes qui persévèreront et chercheront la vraie liberté. Les signes de l'humiliation, de la repentance, de la foi et du renoncement expriment les conditions pour pouvoir entrer dans le royaume des cieux. Chemin douloureux par lequel Jésus lui-même a voulu entrer dans son règne. Mais beaucoup de personnes choisissent le chemin qui mène à la perdition. Y aura-t-il peu de sauvés ? À cette question, Jésus te dit calmement : "Tâche d'être de ceux-là ! Rien n'est fait d'avance : il faut entrer, donc vouloir entrer, et la porte est étroite."

Que dois-je faire pour être sauvé ? La première décision à prendre, c'est de renoncer à moi-même, de me charger de ma croix et suivre Jésus. Cela signifie que je dois être prêt à placer le Christ dans ma vie au-dessus des amitiés, des considérations matérielles et même familiales. La foi qui sauve est plus qu'une adhésion intellectuelle à l'idée de Dieu et de Jésus-Christ. La foi en Dieu, c'est mettre ma confiance en LUI.

"C'est par la grâce que vous êtes sauvés, par la foi ; et cela ne vient pas de vous ; c'est le don de Dieu. Ce n'est point par les œuvres, afin que personne ne se glorifie." (Ep 2, 8-9)

Notre rédemption a été accomplie en Jésus-Christ ; elle nous est acquise par pure grâce et nous nous approprions ce salut par la foi. La foi qui conduit au salut est celle qui agit par la charité. Jésus ne s'est pas contenté de dire "Aimez-vous les uns les autres" mais il a ajouté : "comme le Père m'a aimé" *(Jn 15, 9)* - "comme je vous ai aimés" (Jn 15, 12). L'essentiel du message chrétien se trouve dans ces paroles de Jésus et tout est dans ce mot "comme". Jésus nous demande de vivre ce que lui même a vécu. En vivant ainsi nous serons de vrais témoins du Christ.

Au soir du Jeudi-Saint, Jésus dit à ses disciples : "Que votre cœur ne se trouble point. Vous croyez en Dieu ; croyez aussi en moi." *(Jn 14,1)* Ces paroles du Christ sont orientées vers la foi que nous devons avoir en lui ! Avoir la foi en Jésus qui, ce soir là, institua le sacrement de l'Eucharistie, le Mystère de foi par excellence !

Saint Thomas d'Aquin définissait la foi comme un contact spirituel par lequel nous recevons les fruits de la Passion du Christ, fruits qui sont constitués par la rémission de nos péchés et par le don de la grâce qui nous introduit dans la Vie éternelle, la Vie même de Dieu. La foi revêt toujours deux aspects, simultanés, indissociables. Le premier aspect est celui de l'obscurité : il nous faut accepter de ne pas voir, ni toucher, ni entendre, ni sentir ou goûter ce à quoi nous croyons. Il nous faut accepter de ne pas comprendre ce que nous croyons. Le second aspect est celui de la lumière. La foi nous donne la lumière, la foi nous éclaire, la foi illumine toute notre vie, dans la mesure où nous acceptons son obscurité apparente. Croire en Jésus, c'est avoir confiance en lui ; c'est oser le suivre. Mettons notre confiance en Dieu qui nous aime. C'est cela la foi : faire confiance envers et contre tout !

L'annonce du Royaume

Une puissance de vie

À quoi pouvons-nous comparer le règne de Dieu ? Par quelle histoire pourrions-nous le représenter ? Jésus, en bon pédagogue, nous en donne une idée en nous racontant deux petites histoires. Le règne de Dieu peut être comparé à un semeur qui jette la graine dans son champ. Le champ ayant été préparé avec soin et les semis terminés, le cultivateur est confiant quant au résultat, car il sait par expérience que la graine germera et donnera à terme du fruit. Une belle récolte est en perspective. Après s'être bien occupé de son champ, le paysan attendra le moment de la moisson avec l'espoir d'une belle récolte. *(Mc 4, 26-29)* Le comportement de cet homme nous aide à comprendre le comportement de Dieu à notre égard. Dieu agit envers nous comme ce semeur. Il attend patiemment le temps de la moisson, il laisse mûrir la semence qu'il a jetée. Jésus compara ensuite le Règne de Dieu à une graine de moutarde qui une fois semée deviendra la plus grande des pousses du jardin. *(Mc 4, 30-32)* Cette graine minuscule, devenue une plante imposante dépassant toutes les plantes potagères, est une belle image de l'action de Jésus qui a pu paraître insignifiante au cours de son ministère. Mais Jésus est toujours présent et actif parmi nous. Dans ces deux histoires, la petite graine est l'image de la Parole de Dieu. La Parole divine possède en elle une puissance de vie qui lui permet de porter du fruit d'une manière spontanée. Entre la Parole de Dieu et notre âme, il y a la même affinité qu'entre la terre et la semence. Dans les deux cas, il a fallu du temps pour arriver à la maturité. Le semeur a été vigilant, patient et persévérant. Si le règne de Dieu grandit, nous devons en voir les signes révélateurs. Efforçons-nous de les reconnaître dans notre communauté. Seigneur Jésus donne-moi la force d'être patient et d'oser proposer là où je vis ta Parole de vie dans de bonnes conditions. Ainsi en Jésus Christ puis dans son Église qui continue son œuvre, Dieu fait approcher son Règne qui viendra irrésistiblement au Jugement dernier.

Convertissez-vous, car le Royaume des cieux est proche

Convertissez-vous ! Changez ! Sommes-nous convaincus que nous avons un retournement à faire ? Nous ne sommes pas spontanément tournés vers Dieu, ni vers les autres… . Nous sommes naturellement centrés sur nous-mêmes. Si nous sommes lucides, nous constaterons que nous avons un retournement complet à faire pour que Dieu règne vraiment en nous, c'est à dire pour que son Royaume soit là dans notre vie. Quelle conversion Dieu me demande-t-il en ce moment ? C'est dans le cadre de notre vie quotidienne que Jésus nous appelle à la conversion. Je dois me convertir, c'est-à-dire changer d'esprit, réviser de fond en comble mes manières de penser et d'agir, réapprendre la liberté à l'égard du péché et des passions d'ici-bas… Dans ce combat, Jésus, l'Emmanuel, Dieu avec nous, est à nos côtés.

Matthieu, dans son Évangile, nous montre qu'à la mort de Jean-Baptiste, le ministère de Jésus s'orienta vers la Galilée, carrefour des païens. *"Sur ceux qui habitaient dans le pays de l'ombre et de la mort, une lumière s'est levée"*. L'Église n'est pas faite pour vivre repliée sur elle-même : elle est envoyée vers les païens. Quel intérêt portons-nous aux païens ? La lumière qui se lève est une présence attentive et aimante, elle est une lumière pour le cœur.

C'est sur les bords du lac de Galilée parmi les pêcheurs au travail que Jésus a choisi ses premiers disciples. Les moins bien doués, les moins bien préparés, furent les premiers à voir la lumière et à suivre Celui qui se présenta comme le Chemin, la Vérité et la Vie. D'emblée Simon et son frère André, Jacques, fils de Zébédée et son frère Jean mirent leur confiance dans le Seigneur et, ils le suivirent.

La grande aventure partit de cette Galilée, région maudite par les purs, cette province où se mélangeaient de nombreuses races. C'est là que Jésus choisit de prêcher, dans cette région ouverte à toutes les influences païennes. Parcourant toute la Galilée, il enseignait dans les synagogues, proclamant la bonne nouvelle du Royaume, guérissant les malades.

Jésus est cet homme plein de tendresse qui se laisse émouvoir par toutes les souffrances rencontrées sur son chemin. Guéris-nous Seigneur ! Sauve-nous ! Et fais de nous des sauveurs avec toi. Aujourd'hui encore, Jésus ressuscité poursuit sa mission : *"Convertissez-vous car le Royaume des cieux est là !"* Il se révèle, enseigne et appelle, sans tenir compte de nos critères ou de notre logique terre à terre. Il n'est pas prisonnier de nos traditions, ni enfermé dans sa propre Église, d'ailleurs divisée où les uns comme dans l'Église de Corinthe ne cessent de se réclamer de Paul ou de Luther, d'autres, de Jacques, André ou Matthieu.

Prendre l'appel du Christ au sérieux et désirer le suivre

Nous sommes tous appelés à entrer au Royaume annoncé par Jésus ; mais pour y accéder, nous devons accueillir sa Parole. La Parole de Jésus est comparable à une semence qui tombe dans un champ. *(Mt 3, 13,1 ; Mc 4, 1 ; Lc 8,4)* Il y a plus de 2000 ans, en Galilée (pays de Jésus), certaines personnes vivaient des travaux des champs comme le semeur de ce récit. La terre de Galilée était loin d'être partout fertile : il y a de la bonne terre, mais aussi des endroits arides où rien ne pousse et des zones broussailleuses… À cette époque, on semait à la volée et la semence tombait un peu partout… De nos jours encore, dans des régions pauvres, des gens travaillent toujours de cette manière et les récoltes sont assez médiocres.

Voici que le semeur est sorti pour semer. Comme il semait, des graines sont tombées au bord du chemin, et les oiseaux sont venus tout manger. D'autres sont tombées sur le sol pierreux, où il y avait peu de terre ; elles ont levé aussitôt parce que la terre était peu profonde. Sous le soleil montant, faute de bonnes racines, elles ont séché. D'autres graines sont tombées dans les ronces ; les ronces ont monté et les ont étouffées. D'autres sont tombées sur la bonne terre et elles ont donné du fruit à raison de cent, ou soixante, ou trente pour un. Celui qui a des oreilles, qu'il entende. (Mt 3, 3-9)

Vous comprenez assez rapidement quelles graines donneront de belles plantes et par la suite une belle récolte. Cet extrait de l'Évangile selon saint Matthieu nous invite à nous demander quels sont en nous les effets de la parole de Dieu. Contentons-nous de l'entendre ? Savons-nous l'écouter ? Passe-t-elle vraiment dans notre vie ? Dans ce texte, Jésus nous enseigne qu'il y a plusieurs manières de l'écouter mais qu'une seule est capable de transformer notre vie. Semer, c'est la preuve que l'on espère. Jésus s'est lancé dans une entreprise désespérée : sauvé son peuple quand apparemment personne n'est en mesure de freiner la montée de la violence. Jésus ne compte que sur la force de la Parole de Dieu proclamée et vécue pour sauver l'humanité. La parole de Dieu est une force puissante. Nous pouvons fragiliser cette parole dans la mesure où elle retentit dans notre cœur lorsque nous sommes indifférents ou réticents à la recevoir. Seules les personnes qui la reçoivent avec foi, peuvent comprendre que Jésus, fils de Dieu, ait accepté les limites que la liberté humaine impose à sa parole, au risque de l'étouffer.

Quelles sont les attitudes qui risquent d'ôter de mon cœur la Parole de Dieu ? Le respect humain, le manque de prière, l'athéisme ? Quelles épines dans ma vie risquent de l'étouffer ? Le rythme infernal de ma vie, la recherche de mon confort, les moqueries de certaines personnes ? Quelles épreuves dans ma vie risquent de déraciner la parole de Dieu ? Mes doutes, le refus de la foi, l'indifférence de gens qui m'entourent ? Le terreau où germe la parole de Dieu, c'est aussi le cœur de nos frères et de nos sœurs. Ai-je le souci des autres ?

Le Royaume des cieux est comparable à un homme qui a semé du bon grain dans son champ. Or, pendant que les gens dormaient, son ennemi survint ; il sema de l'ivraie au milieu du blé et s'en alla.« (Mt 13,24-25).

Le champ représente le monde et il y a deux semeurs : l'un a semé en plein jour et l'autre a semé pendant la nuit. Sur les pas du semeur *(Jésus)*, son ennemi *(le démon)* s'est glissé de nuit pour répandre l'ivraie. La mauvaise herbe *(l'ivraie)*, c'est l'oubli de Dieu, de l'Amour, au fil des jours. Le démon ne se montre pas, il agit par le désespoir, par le doute du soir. C'est ainsi qu'il procède. Le mal, en nous et dans les autres n'est pas notre vrai visage ; il se glisse, à notre insu, pendant des moments d'inconscience ou d'inattention. C'est la manière ordinaire du démon de mêler le mensonge avec la vérité, afin que sous le masque de la vraisemblance, l'erreur passe pour la vérité même, et qu'elle trompe ceux et celles qui sont faciles à séduire. C'est pour ce motif que Jésus ne marqua pas dans cette semence de l'ennemi, d'autre mauvaise graine que l'ivraie qui est fort semblable au froment.

En s'exprimant ainsi, Jésus nous apprend comment le démon s'y prend pour surprendre les âmes. Oui, l'ivraie fait partie du champ de blé et du champ de nos cœurs. Il faut apprendre à vivre avec elle, en nous et autour de nous, et ne pas perdre cœur. Car la graine minuscule deviendra arbre *(Mt 13, 31-32 ; Mc 4, 30 ; Lc 13, 18)* et la pincée de levure gonflera la pâte du monde *(Mt 13, 33 ; 1 Co 5,6 ; Ga 5,9)*

Quand la tige poussa et produisit l'épi, alors l'ivraie apparut aussi. Les serviteurs du maître s'inquiétèrent et vinrent dire à leur maître : " Seigneur, n'est-ce pas du bon grain que tu as semé dans ton champ ? D'où vient donc qu'il y a de l'ivraie ? " Il répondit : "C'est un ennemi qui a fait cela." Les serviteurs lui dirent :*" Alors, veux-tu que nous allions l'enlever ? "* Il répondit : *" Non, de peur qu'en enlevant l'ivraie, vous n'arrachiez le blé en même temps. " (Mt 13, 26-29)*

Ces paroles de Jésus nous invitent à la patience, à l'espérance. Nous voulons toujours récolter. Tout, tout de suite ! Et avant de le faire, nous voulons enlever les mauvaises herbes. Mais Jésus dit : "Attendez. Ne coupez pas tout de suite les mauvaises herbes ; on ne sait pas : on peut très bien confondre le bon grain avec les mauvaises herbes." *(Mt 13, 26-29)* Jésus nous met en garde contre la précipitation des personnes qui voudraient s'y attaquer. Il accepte dans son Église le mélange des bons et des mauvais. Il va jusqu'à provoquer le scandale en donnant ses préférences aux pécheurs. Il est, lui, pour la méthode des petits pas. Il est patient et prudent. Il aime le cœur de chaque personne où la bonne graine et l'ivraie se livrent à une lutte sans merci. Au cœur du monde en proie à ses luttes et à ses déchirements, le Fils de Dieu a été enfoui, broyé comme le grain. Dieu sait le contraste entre la petitesse de cette graine enfouie et l'ampleur de la moisson finale. Il a hâte de voir le Royaume parvenu à sa pleine maturité. Mais sa délicatesse à l'égard du monde fragilisé par le péché le rend radicalement patient.

Tandis que toi, Seigneur, qui disposes de la force, tu juges avec indulgence, tu nous gouvernes avec beaucoup de ménagement » (Sg 12, 18)

Mais au temps de la moisson, Jésus dira aux moissonneurs : "Enlevez d'abord l'ivraie, liez-la en botte pour la brûler ; quant au blé, rentrez-le dans mon grenier " *(Mt 13, 30b)* Nous voilà bien avertis : nous ne verrons qu'à la fin, à la moisson, au jour du jugement, les fruits réels de ce que nous aurons essayé de faire dans le champ du Père. Oui il y a un juge et il y aura un jugement ; il y a une échéance et il y aura une récompense. De cela Jésus ne doute pas. Jésus nous invite à un optimisme réaliste envers nous-mêmes et envers les autres. Avec patience, il nous transforme, avec lui l'ivraie peut devenir du bon grain. On ne se moque pas de Dieu ; telle semence, telle moisson : la chair ne peut produire que la corruption, l'Esprit que la vie impérissable. L'issue de l'une et de l'autre de ces deux voies, entre lesquelles nous devons choisir, est ici clairement déterminée : d'une part, la corruption, de l'autre la vie éternelle. Et l'image d'une semence et d'une moisson montre tout ce qu'il y a de naturel, d'organique, d'inévitable dans ces deux résultats qui s'offrent à tous comme seule alternative.

Choisissez aujourd'hui qui vous voulez servir !

Décidez-vous ! Qui voulez-vous servir ? Voulez-vous servir le Seigneur ou les dieux des nations ? C'est ce que Josué dit aux tribus d'Israël à Sichem, à l'entrée de la Terre Promise, après leur conquête de la terre, lorsque le peuple était attiré par la religion des nations qu'ils avaient conquises. Pour Josué, ils ne peuvent servir deux maîtres à la fois. Dans l'Évangile, après que Jésus se fut manifesté d'une façon explicite et très claire comme étant la source de la Vie, provenant du Père, plusieurs l'abandonnèrent et partirent, trouvant ce langage trop dur. Jésus leur dit alors de faire leur choix : *"Voulez-vous partir vous aussi ?"*

Pour tous, disciples et apôtres, croire en Jésus se présente comme le chemin où l'on marche avec Lui. En effet, la foi n'est pas un bagage, mais un itinéraire sur lequel on se laisse guider. Pour ceux qui ont entendu Jésus, il est question de choisir la vie, celle qui gagne sur la mort parce qu'elle est la vie éternelle donnée par Dieu. Ce choix, reste actuel car suivre Jésus, marcher avec Lui nous oblige toujours à nous soumettre à l'Esprit. À l'exemple du Christ qui donne sa vie, le couple humain est lui aussi appelé à refléter sa vie. Le mystère du couple, nous dit saint Paul dans sa lettre aux Éphésiens, est analogue à celui du Christ et de l'Église. Il y traite du choix que font la femme et l'homme qui contractent mariage. L'essentiel de son message est l'amour mutuel qui doit lier les deux époux. Et ce choix radical de l'un par l'autre est, dit Paul, un sacrement, c'est-à-dire la manifestation visible et symbolique du choix que le Christ a fait de son Église, c'est-à-dire de chacun de nous. C'est aussi le sacrement de la relation d'amour entre le Christ et son Église.

Choisir est probablement une des choses les plus difficiles de notre existence parce que cela suppose de prendre un risque, et parce qu'un choix même définitif doit être renouvelé. Tout au long de notre vie nous avons de nombreux choix à faire. Les faire est relativement aisé dans la plupart des cas. Ce qui n'est pas facile, c'est d'être fidèles et conséquents avec chacun des choix que nous avons faits. En choisissant Dieu nous avons renoncé à tous les autres dieux. En choisissant un époux ou une épouse, la femme et l'homme renoncent à tous les autres candidats ou toutes les autres candidates possibles, et à toutes les personnes encore plus merveilleuses qui pourront être rencontrées plus tard dans la vie. En choisissant le Christ, on renonce à tous les faux prophètes. En choisissant la vie monastique on renonce à toutes les autres formes de vie chrétienne toutes aussi belles et dignes.

L'aspect positif de tels choix est que tout engagement ayant un caractère public, nous établit dans une relation nouvelle non seulement avec Dieu mais aussi avec le reste de l'humanité. Lorsque deux personnes décident de s'engager l'une envers l'autre dans la vie matrimoniale, elles expriment par cet échange public de vœux, la conviction et le fait que leur relation humaine la plus privée et la plus intime soit à la fois partie et expression sacramentelle d'une réalité beaucoup plus grande, la communion d'amour entre Dieu et son peuple. De même, lorsque des moniales ou des moines professent publiquement leurs vœux, ces religieuses et ces religieux expriment aussi la conviction et le fait que leur engagement envers Dieu et envers une communauté concrète est la manifestation sacramentelle de la même réalité de l'Église. Jésus nous relance le même défi que Josué lança autrefois au peuple d'Israël. Choisissez aujourd'hui qui vous voulez servir !

N'ayez pas peur !

La parabole des talents (*Mt 25),* comme tant d'autres, traite du Royaume de Dieu et du retour du Christ. L'essentiel est de nous préparer à la rencontre et d'être toujours prêts pour accueillir celui qui vient comme un voleur dans la nuit.

Il y a " talents" et "talents" Les talents sont ces dons naturels que chacun a ; ce sont ces aptitudes particulières que nous avons tous à faire remarquablement telle ou telle chose : celui-ci est un peintre de talent mais vois celui-là, c'est un jeune talent. Au temps de Jésus, un talent était un lingot en argent ou en or qui valait six mille deniers, une somme énorme qui représentait l'équivalent du salaire de six mille journées de travail ; soit le salaire de plus de seize années de labeur !

Ces talents confiés aux serviteurs, à chacun selon ses capacités, sans consignes particulières, par le maître qui partit en voyage, les laissèrent devant leur responsabilité. Les comptes seront à rendre au retour du maître.

Le Maître qui part en voyage en nous ayant confié tous ses biens, c'est Dieu, bien sûr. Et la récompense sera d'avoir part à son Royaume : *"Entre dans la joie de ton Maître."* L'histoire des talents est d'abord et avant tout l'histoire d'une peur. Et des peurs, nous en avons toutes et tous. La première chose à faire, est d'abord de se l'avouer. Ayant pris conscience de celle-ci, il y a lieu d'agir nous dit le Christ. À force d'avoir peur, nous risquons de ne plus rien faire à l'image de l'homme qui n'avait qu'un seul talent : *"J'ai eu peur, et je suis allé enfouir ton talent dans la terre. Le voici. Tu as ce qui t'appartient. "* *(Mt 25, 25)* Cet homme a manqué d'audace et de confiance. Il n'a pas pris ses responsabilités.

Nous ne sommes pas sur terre pour subir la vie mais pour la vivre à fond et pour ce faire, il y a parfois des risques à prendre. Cet homme prétend savoir distinguer le bon et le mauvais et, pour lui, le maître est mauvais : *"Maître, je savais que tu es un homme dur, tu moissonnes là où tu n'as pas semé, tu ramasses là où tu n'as pas répandu le grain. J'ai eu peur."* *(Mt 25, 24)* C'est bien là, en chacun de nous, que peut se tenir le commencement de l'échec et du malheur. Croire que Dieu est vraiment Amour, tel est le défi qui nous est proposé. Le croire et par conséquent sortir de la peur qui nous stérilise. Essayons d'identifier les peurs qui nous font prendre Dieu pour un maître dur. L'un des enjeux majeurs de notre vie est le passage de la peur à la foi, même quand, comme Jésus mis en croix, nous sommes agressés par le pire. C'est bien pour cela que les rencontres de Jésus avec ses disciples commencent si souvent par : " N'ayez pas peur "

Quiconque a peur, enterre sa vie parce qu'il a trop peur de la perdre. Or, une seule vie nous a été donnée, ne passons pas à côté de celle-ci. Elle vaut tellement la peine d'être vécue en plénitude. Ne rien faire, de façon à ce qu'on n'ait rien à nous reprocher... C'est justement cela qui nous serait reproché sévèrement : *"Quant à ce serviteur bon à rien, jetez-le dehors dans les ténèbres ; là il y aura des pleurs et des grincements de dents ! "* *(Mt 25, 30)*

Nous avons tous des capacités, des talents. Qu'en faisons-nous ? Les utilisons-nous pour satisfaire notre égoïsme, pour nos intérêts personnels ? Ou bien pour honorer le Seigneur dans la préservation et le développement de notre environnement, pour servir le Seigneur dans les autres, ceux qui nous entourent, ceux qui sont plus mal pris que nous ? Si nous agissons de cette façon, nous faisons fructifier les talents que le Seigneur nous a donnés, nous remplissons notre cruche personnelle jusqu'au bord. Et, quand le Seigneur reviendra, nous pourrons lui dire en toute vérité : " Voilà, Seigneur, avec mes capacités et avec les dons de ta création, je te présente ce que j'en ai fait ; j'ai agi de mon mieux et j'ai fait tout mon possible : je te l'offre comme un beau cadeau. " Et le Seigneur nous dira : " Viens, bon et fidèle serviteur ; entre dans mon royaume de lumière. "

Luc raconte dans son évangile qu'un jour Jésus montant vers Jérusalem essaya de réconforter son petit groupe de disciples en l'appelant de ce terme affectueux "petit troupeau ". N'aie pas peur ! Ne crains pas, petit troupeau. *(Lc 12,31-48)* Aujourd'hui, Jésus me redit cette même parole, en mes moments d'épreuves… Aujourd'hui, Jésus redit cela à L'Église en ses crises… Le troupeau, guidé par son berger, est une image traditionnelle dans la Bible pour exprimer que Dieu aime et protège son peuple.

Pour quelle raison devons-nous bannir la peur selon Jésus ?

Parce que votre Père a trouvé bon de vous donner le Royaume, nous dit Jésus. Votre vie a un sens pour Dieu, même si pour une raison ou pour une autre, elle a une apparence d'échec, même si vous êtes lâchés par vos amis, incompris de tous. Toute la vie de Jésus proclame que Dieu donne son Royaume aux pauvres, aux paumés, aux trébuchants et aux personnes qui l'ont abandonné, quelle qu'en soit la raison, elles peuvent avec l'aide de Jésus, revenir sur la bonne voie. Le Royaume est un don du Père qui a trouvé bon de vous combler. En nous détachant des valeurs et des succès illusoires, notre cœur peut trouver son trésor et bannir toute crainte, être heureux. Jésus nous suggère de concevoir notre vie comme un rendez-vous d'amour.

Préparons notre cœur pour quelqu'un qui vient. Oui, Dieu vient vers chacun de nous, il s'approche, il vient à notre rencontre, il est là devant notre porte. Le recevrons-nous chaleureusement ? Son amour est sur nous. Notre espoir est-il en lui ? Dieu vient lui-même, à nous, en Jésus Christ. Ses paroles ne cessent de chercher le chemin de nos cœurs. Il veille sur nous. Il nous libère de nos peurs.

Il n'est pas facile d'être disciple de Jésus et d'annoncer un message selon lequel l'amour seul sauvera le monde ; tant d'intérêts s'y opposent. Jésus nous invite à ne pas avoir peur. Jésus sait où se trouvent les vraies valeurs. Pour lui, la vie terrestre est peu de chose, par rapport à la vie éternelle qu'il connaît bien, comme fils de Dieu. Aussi, c'est sans crainte que nous pouvons lier notre cause à celle de Jésus qui nous assure qu'il se sentira alors lié à son tour avec nous lors du jugement final.

Notre seule peur, affirme le Christ, devrait être de perdre la foi ! Notre seule crainte devrait être de ne pas avoir le courage de professer et de vivre de notre foi. Osez proclamer votre foi là où vous vivez ! Osez témoigner du Christ dans votre famille, dans votre quartier. N'ayez pas une sorte de foi souterraine que personne ne pourrait constater. N'ayez pas honte d'agir ou de parler en tant que croyants ; au besoin, osez confesser vos convictions chrétiennes en public. Si vous ne pouvez pas vous débarrasser de votre peur, regardez d'où vient la plus grande menace : de Dieu ou des hommes ? Jésus ne nous menace pas de nous envoyer en enfer, il nous rappelle que si nous le perdons, nous nous perdrons nous-mêmes : *"Celui qui me reniera devant les hommes, moi aussi je le renierai devant mon Père qui est aux cieux."* (Mt 10, 33)

Une fois de plus, nous constatons que c'est nous qui composons, dès maintenant, notre jugement. Jésus ne se sépare que des personnes qui se sont séparées de lui. Il ne renie que celles qui ont d'abord commencé à le renier le premier ! Cependant pas de panique ! Aucun reniement n'est fatal, ni définitif. Aucun péché, même le plus grave, n'est impardonnable, à condition de se prononcer clairement pour Jésus, de croire sincèrement que Jésus sauve et pardonne.

Le festin des noces

Le royaume de Dieu est semblable à un roi qui fit des noces pour son fils. Dieu nous invite à un banquet où il y aura de la place pour tout le monde. Il nous invite à nous préparer, dans notre vie quotidienne, pour le banquet qu'il réserve à tous. Il ne s'agit pas d'une vieille histoire du passé. Les invitations sont toujours très actuelles. C'est à chaque personne que Dieu a envoyé une invitation. Beaucoup de gens ne répondront pas à cet appel. Jésus lui-même nous avertit : la multitude des hommes est appelée, mais les élus sont peu nombreux. *(Mt 22, 14)*

Lorsque des noces étaient imminentes, dans la tradition des invitations du Moyen-Orient ancien, il y avait deux invitations : la première qui annonçait qu'il allait y avoir des noces, la deuxième pour chercher les invités. La deuxième invitation se faisait en allant chercher les invités : on leur avait laissé le temps de se préparer et en plus, on les emmenait.

Dans le récit de Matthieu *(Mt 22, 1-14)* les premiers serviteurs envoyés sont ceux qui annoncent la fête, et beaucoup parmi les prévenus, nous dit l'évangile, n'en ont cure. Ils ne voulaient pas venir ! *(Mt 22, 3)* La deuxième série des serviteurs se fait même tuer.

"Mais ils n'en tinrent aucun compte et s'en allèrent, l'un à son champ, l'autre à son commerce ; les autres empoignèrent les serviteurs, les maltraitèrent et les tuèrent." *(Mt 22, 5-6)*

Le roi entra en colère et décida de punir ceux qui l'avaient offensé et châtier les meurtriers et leur ville, nette allusion à la destruction de Jérusalem et de la dispersion de la nation juive.

La première révolte des Juifs de 66, racontée en détails par Flavius Josèphe dans la Guerre des Juifs, fut réprimée et écrasée en 70 après J.-C., entraînant la destruction quasi-complète de la ville par Titus.

Comprenez-vous bien le message de ce récit et les réactions des invités ? Le roi qui célèbre les noces de son fils, c'est Jésus qui est venu apporter l'invitation aux juifs à participer au festin du Royaume de Dieu. Mais ce peuple n'écouta pas son appel. Bien avant Jésus, Dieu envoya ses prophètes prêcher la justice, la miséricorde, le pardon et à placer sa confiance en lui. Le peuple élu n'écouta pas ses prophètes. Puisque ceux qui étaient appelés n'ont pas répondu à l'invitation qui leur avait été faite, le roi envoya ses serviteurs aux croisées des chemins pour inviter à participer au repas de noces tous les gens qu'ils rencontreront.

"Allez donc aux croisées des chemins : tous ceux que vous rencontrerez, invitez-les au repas de noces." Les serviteurs allèrent sur les chemins, rassemblèrent tous ceux qu'ils rencontrèrent, les mauvais comme les bons, et la salle des noces fut remplie de convives. (Mt 22, 10)

C'est une invitation pour tout le monde, l'appel est universel. Les élus seront toutes les personnes qui entendent cet appel, et personne n'est exclu, quel que soit son lieu d'origine, quelles que soient ses idées, sa race, ses convictions. Il est urgent que nous prenions le temps de réfléchir quant aux appels que Dieu ne cesse de nous adresser. La description de l'inconscience de ces invités est d'une brûlante actualité. Jésus nous montre ici deux catégories de personnes : les contestataires qui refusèrent l'invitation et dont certains prirent violemment à partie les serviteurs et les négligents qui ne se rendirent même pas compte qu'ils étaient invités et continuèrent à vaquer à leurs occupations.

Il suffit de mettre quelques exemples précis, choisis dans notre quotidien, sous les mots de jadis pour découvrir que Jésus décrit très exactement l'état de notre monde actuel. Parmi les personnes qui entrèrent dans la salle du festin, un homme n'avait pas revêtu le vêtement des noces. Pourtant le roi avait tout prévu : dans un local proche de la salle du festin il y avait un vestiaire bien approvisionné en vêtements que devaient porter les invités au banquet.

À l'époque, on avait la coutume de procurer à tous les invités le vêtement qu'ils devaient porter au banquet et selon la coutume le roi honorait ses invités en passant de l'un à l'autre.

Il suffisait de se servir, d'accueillir ce don royal. Encore fallait-il le faire, se donner la peine de passer par ce renouvellement de tout l'être, prendre le risque de s'engager et de changer sa vie (conversion). Cet homme aurait pu en avoir un, mais il n'en avait pas ; c'est pourquoi il n'eut rien à répondre lorsque le roi lui demanda pourquoi il n'avait pas revêtu l'habit de noce. Le roi entra dans la salle du festin et vit un homme qui ne portait pas le vêtement de noce. Il lui dit : " Mon ami, comment es-tu entré ici, sans avoir le vêtement de noce ? " L'autre garda le silence. Alors le roi dit aux serviteurs : " Jetez-le, pieds et poings liés, dehors dans les ténèbres ; là il y aura des pleurs et des grincements de dents. " (Mt 22, 11-14)

Il ne put s'en prendre à ce roi qui avait tout fait pour lui faciliter l'entrée dans la salle du festin. Par son choix, il s'exclut lui-même de l'assemblée. Cet unique exclu, dans ce récit, est l'image de toute personne qui demeure toujours libre de répondre par oui ou par non à l'invitation du Seigneur. Cette inspection royale ressemble fort à une scène de jugement, prélude du jugement dernier. L'homme en question fut condamné pour n'avoir pas porté l'habit de noce sans avoir pu se justifier. Ce récit culmine par un avertissement solennel : " Certes, la multitude des hommes est appelée, mais les élus sont peu nombreux. " *(Mt 22, 14)* Par cette parabole, Jésus veut nous faire prendre conscience de l'importance de la réponse que nous sommes appelés à donner, en toute liberté, à l'invitation que Dieu nous adresse.

Nous sommes tous invités au festin du Royaume. Sommes-nous conscients d'être attendus et qu'il y a une place pour chacun de nous ? Il suffit de mettre quelques exemples précis, choisis dans notre quotidien, sous les mots de jadis pour découvrir que Jésus décrit très exactement l'état de notre monde…

Comment voulez-vous que je participe à la messe paroissiale le dimanche, je n'ai que ce jour-là pour faire du sport ou encore, c'est le jour où nous sommes souvent partis ou je dois encore faire mes devoirs et étudier mes leçons pour demain lundi… Ne donnons pas à Dieu la dernière place ! Tant d'autre voix couvrent ses appels. Le prophète Isaïe, il y a plus de 2700 ans, au huitième siècle avant Jésus Christ, nous invitait déjà grand festin messianique. Ce jour-là sera un jour de joie pour ceux et celles qui auront misé leur vie sur Dieu et qui auront vécu dans l'espérance. Les élus seront toutes les personnes qui entendent cet appel, et personne n'est exclu, quel que soit son lieu d'origine, quelles que soient ses idées, sa race, ses convictions.

Répondons aux multiples appels du Christ qui nous sont transmis par l'Évangile, par l'Église, par les rencontres de notre vie. Dieu invite tout le monde, sans aucune discrimination et il privilégie même les pauvres, les marginaux, les laissés pour compte. Nous sommes tous invités à la noce ! Cependant, comme toute invitation, l'invitation que Dieu nous adresse se heurte à notre liberté. Choisir d'être de la noce ou de ne pas en être. Choisir ! C'est bien à cela que nous pousse l'évangile. Répondras-tu aux appels multiples de Jésus qui te sont adressés par l'Évangile, l'Église et les rencontres de ta vie ?

Les ouvriers de la dernière heure

Jésus nous parle toujours personnellement à travers les paraboles. Ce sont des récits allégoriques présentant un enseignement moral et religieux. Suivant un procédé emprunté à la tradition juive, ces récits entendent présenter des vérités au travers d'éléments de la vie quotidienne ou d'observation de la nature mais s'éloignent chez Jésus de la forme simplement pédagogique d'interprétation de la Loi par les rabbins pour évoquer le Règne de Dieu et les changements qui s'accomplissent au moment de sa venue. Jésus s'adressant à la foule venue l'écouter, commença ainsi son enseignement : le Royaume des cieux est comparable au maître d'un domaine qui sortit au lever du jour afin d'embaucher des ouvriers pour sa vigne.

Dans la Bible, la vigne est mentionnée pour la première fois dans le livre de la Genèse (Gn 9, 20). À l'époque des Patriarches, le vin était une boisson bien connue. Le mot "vigne" revient 176 fois dans la Bible. C'est dire son importance symbolique. l'image de la vigne est utilisée dans l'Ancien Testament pour désigner le peuple élu(Is 5, 1-11) , Jésus utilise cette image pour parler du nouvel Israël qu'est l'Église. La vigne est signe de bénédiction dans le livre du Deutéronome (Dt 8, 7-9). La vigne est image de la Sagesse (Si 24, 17 ; Ps 128, 3). La vigne désigne aussi le peuple élu ; le prophète Isaïe nous dit dans son livre que la vigne de Dieu c'est Israël et Juda (Is 5, 1-7)

Dans cette parabole qu'il nous raconte *(Mt 20, 1-16)*, Jésus fait une comparaison entre différents groupes de travailleurs. Comme tant d'autres cette histoire nous parle du Royaume des cieux. Tout commence comme une histoire réelle : nous sommes en Palestine, au premier siècle, au temps des vendanges, très tôt le matin. Les journaliers sont là, sur la place du village, attendant qu'on les embauche, au jour le jour. Pourtant, nous sommes tout de suite avertis qu'il s'agit non pas d'une leçon sociale, mais d'une révélation sur le Royaume des cieux. Avons-nous saisi qu'il ne s'agit pas d'un patron ordinaire ? Quel patron embauchera des travailleurs une heure avant la fin du travail ? C'est insensé ! Dans la première partie de la parabole, Jésus dépeint un patron merveilleusement bon : sans se lasser, cinq fois dans la même journée, il s'est soucié de procurer du travail, un salaire, une dignité à de pauvres hommes réduits à la misère. À chaque fois, le maître du domaine leur ordonna d'aller à sa vigne. La vigne est à comprendre comme étant le lieu du bonheur, le lieu de l'alliance avec Dieu. Le Royaume des cieux, c'est le lieu de la bonté de Dieu, où celui-ci ne cesse de nous inviter à entrer. Chacun des groupes de travailleurs embauchés représente une nation ou une classe sociale. Certains ont reçu la parole de Dieu depuis longtemps.

Ainsi en est-il des premiers ancêtres du peuple de Dieu : l'appel d'Abraham *(Gn 12, 1-9)* Plus tard, d'autres se sont joints à ce groupe pour sortir d'Égypte *(Livre de l'Exode, chapitres 13 à 16)*. Au cours de l'Histoire, Dieu appelle d'autres à travailler à sa vigne, c'est à dire pour son Royaume. Dans ce récit, le propriétaire de la vigne se préoccupe des chômeurs. C'est plusieurs fois dans la journée qu'il va les chercher pour les inviter à travailler à sa vigne. Sa préoccupation n'est pas que le travail soit fait, mais que les travailleurs soient suffisamment payés pour assurer une vie décente à leur famille. La justice de Dieu se conforme aux besoins des personnes. Ce maître étonnant veut que les premiers ouvriers engagés soient les témoins de ce qu'il va faire pour les derniers embauchés ! Tous reçurent le même salaire : une pièce d'argent !

Au temps de Jésus (à Jérusalem), une pièce d'argent équivalait à un peu moins que quatre deniers. Sous Tibère, un soldat des cohortes de vigiles, à Rome, gagnait 150 deniers par an (plus les primes) : son salaire journalier valait 0,411 denier. Donc le salaire reçu par chaque ouvrier de la parabole correspond à environ dix jours de salaire d'un de ces soldats !

Dieu accueille avec bonté les premiers comme les derniers venus. L'amour de Dieu nous comblera au-delà de nos mérites. Encore faudra-t-il nous justifier d'avoir travaillé un peu à l'avènement du Règne de Dieu. L'aurons-nous fait ? Par cette parabole, Jésus veut nous faire comprendre que pour Dieu, il n'y a pas de privilégiés, que Dieu aime toutes les personnes, et en particulier les plus délaissés qu'il veut les introduire dans sa Vigne, dans son bonheur. Il nous enseigne aussi que Dieu répand ses bienfaits à profusion ; Dieu invite et appelle à toute heure, à tout âge, dans toute situation. Dieu est proche de chacune de ses créatures et rien n'est jamais perdu pour Lui ! Il embauche jusqu'à la dernière minute. Il n'est jamais trop tard ! Souvenons-nous que Jésus ne s'est pas contenté de raconter cette histoire. Il l'a vécue en accordant le paradis à la dernière seconde au brigand crucifié avec lui. Une fois de plus, par le détour d'une parabole *(Mt 21, 33-43)*, Jésus mit les chefs d'Israël en face de leur responsabilité : c'est maintenant ou jamais qu'ils doivent accueillir sa personne et son message et entraîner tout le peuple à leur suite. Le peuple d'Israël ne leur appartient pas ; il leur a été confié par Dieu et celui-ci leur demande des comptes. Nous devons tous bien prendre conscience que cette parabole s'adresse aussi à nous. Sommes-nous assez mobilisés pour que notre communauté paroissiale produise de beaux fruits ? On ne peut pas reprocher au propriétaire du domaine, mis en scène par Jésus d'avoir négligé sa vigne : il l'entoura d'une clôture, creusa un pressoir et bâtit une tour de garde. On ne peut pas non plus lui reprocher sa patience, sa persévérance vis à vis des vignerons ; il envoya ses serviteurs qui se firent lapider, il en envoya d'autres plus nombreux qui subirent le même sort, enfin il envoya son propre fils, pensant que lui, ils le respecteraient… . Aucun père n'agit ainsi. Non ! Personne n'aurait l'idée d'envoyer son fils à des gens qui ont déjà tué de nombreux serviteurs. Qui d'autre alors peut agir ainsi ? … Évidemment nous pensons à Dieu qui prend soin de son Royaume et qui nous envoie son propre Fils pour essayer de faire porter du fruit à l'humanité. De quel côté nous situons-nous ? Jésus nous a été envoyé… Qu'avons-nous fait de son commandement d'amour ? Des messagers nous sont envoyés, les écoutons-nous ?

Notre monde se veut de plus en plus indépendant à l'égard de Dieu : on ne veut avoir aucun compte à lui rendre. Mon corps m'appartient, ma vie m'appartient…, alors que tout nous vient de Dieu ! Il nous a été fait don de tout pour sa plus grande gloire. Notre vie étincelle lorsqu'elle rend gloire à Dieu, le chef des Vivants et il est toujours là à nous pousser à être plus vivants. Le sarment détaché de la vigne ne peut que se dessécher et mourir…

Cette parabole de la vigne, c'est un peu comme un papa et une maman qui donnent ce qu'ils ont de meilleur pour que leur enfant réussisse bien sa vie. Mais il arrive que l'enfant ne réponde pas toujours à cet amour bienveillant, prévenant et bienfaisant des parents. Cette situation engendre tristesse et déception et même parfois colère mais rarement abandon. Car les parents sont ainsi faits qu'ils continuent à aimer quoi qu'il arrive. Le Seigneur, lui, c'est certain, ne cesse jamais de nous aimer. Au moindre geste de notre part, le Seigneur revient vers nous et il répand à nouveau à profusion son amour sur nous. Oui, au-delà de nos infidélités, au-delà des fruits amers que nous produisons parfois, le Seigneur reste fidèle et il est capable non seulement de nous redonner son amour mais aussi de nous faire revenir à lui. Le Seigneur, lui, ne nous abandonne jamais. Son amour pour nous est éternel et il va bien au-delà de nos bêtises, de nos lâchetés, de nos trahisons et de nos faiblesses. Son amour est toujours disponible pour nous accueillir à nouveau, pour nous faire boire à sa source de bonté et de réconciliation. Reconnaissons toutes les tendresses de Dieu à notre égard et posons-nous cette question : de quoi le payons-nous en retour ? Quels fruits portons-nous ?

Le Royaume des cieux est comparable à un trésor enfoui dans un champ

Selon le dictionnaire, le mot trésor désigne une réunion de choses précieuses amassées pour être conservées généralement en les cachant. Au temps de Jésus, il n'y avait pas de banques pour mettre en sécurité ses économies. On enterrait donc cet argent dans un coin de son champ. Il arrivait parfois que le propriétaire du champ meure sans avoir pu révéler l'endroit où il avait caché ses économies. En travaillant, plus tard, un paysan pouvait par hasard tomber dessus. D'où l'idée de Jésus de partir de ce fait pour expliquer ce à quoi peut ressembler le Royaume des cieux.

Matthieu raconte dans son évangile qu'un jour Jésus, assis au bord du lac, avait été rejoint par une foule importante. Ce fut pour le maître une l'occasion à saisir pour continuer son enseignement au sujet du Royaume des cieux. Il monta donc dans une barque proche du rivage et commença son enseignement en ces ternes : "Le Royaume des cieux est comparable à un trésor enfoui dans un champ. L'homme qui découvrit ce trésor l'enterra à nouveau et vendit ses biens pour pouvoir acheter ce champ." Cet homme ne cherchait pas de trésor. Il tomba tout simplement dessus, comme par hasard. Jésus, dans son histoire, ne se soucia même pas d'expliquer dans quelle circonstance il fit cette découverte. Cela importe peu. Ce qui est important, c'est la sagesse de cet homme de percevoir la valeur de ce qu'il venait de découvrir comme par accident. Il comprit aussi que ce n'était vraiment pas le fruit du hasard et que ce trésor lui était en quelque sorte destiné.

Si vous tombiez sur une occasion pareille, que feriez-vous ? Quelle serait votre attitude dans une telle situation ? Nous sommes tous, je le suppose, capables de faire des sacrifices pour acquérir une chose qui nous tient à cœur... un Gsm, un téléviseur, un LCD à 999 €, un tom-tom Go 930, un appareil photo numérique 10 mégas..., pour ne citer que quelques exemples. Bien des gens font des sacrifices non plus pour acquérir des biens matériels, mais par exemple pour améliorer leur situation, suivre une session de perfectionnement, s'inscrire et suivre des cours pour obtenir une autre qualification... Pour Jésus, le Royaume des cieux est une chose si précieuse, qu'il vaut la peine de tout sacrifier pour le découvrir et en vivre et selon Lui, le sacrifice n'est pas une chose triste. Il donna un deuxième exemple en comparant le Royaume des cieux à un négociant qui recherche des perles fines *(Mt 13, 45-46)*. Mais ici, il ajouta une nuance importante : ayant trouvé une perle de grande valeur, il vend tout ce qu'il possède pour l'acquérir. Nous sommes tous et toutes à la recherche du bonheur. Mais, et c'est très dommage, beaucoup de gens ne cherchent que des bonheurs éphémères, sans aucune valeur réelle, les fausses perles... Jésus sait quel est notre vrai bonheur. Pour lui, il n'y a pas de joie durable et véritable en dehors de l'union à Dieu. Vivre c'est choisir et choisir c'est savoir sacrifier un bien pour un meilleur, Jésus nous invite à faire le bon choix parmi les biens que nous pouvons désirer. Le joaillier a choisi la perle précieuse et Dieu a choisi pour nous de nous donner sa gloire.

Dans un troisième exemple, Jésus compara le Royaume des cieux à un filet *(Mt 13 37-48)*. En nous parlant de filet, Jésus veut nous faire saisir que l'Église est faite pour la mission et cela, même si beaucoup de personnes qui la rejoignent ne persévéreront pas ! Dans cette troisième partie, il y a aussi un avertissement très sévère : la bonté de Dieu n'est pas complicité avec le mal. Nos comportements ne sont pas neutres, ils préparent notre éternité, avertit Jésus. Tous, nous allons vers un jugement *! (voir à Mt 13, 50)* L'Église a toujours parlé d'un enfer éternel. Elle a aussi adopté vers le douzième siècle le mot " purgatoire" pour désigner le lieu où les pécheurs morts en état de grâce expient leurs péchés jusqu'à ce que leurs âmes soient purifiées et puissent accéder à la vie éternelle. Perte et salut sont une option pour tous ! Par ces comparaisons, Jésus veut nous faire comprendre qu'il est urgent de nous convertir. Seigneur Jésus, sois la lumière qui me guide. Aide-moi à te suivre avec fidélité, toi qui nous dis : "Je suis le chemin, la vérité et la vie *" (Jn 14, 1-6)*.

Une nouvelle naissance

Nicodème, était un pharisien, membre du Sanhédrin de Jérusalem. Il avait appris que Jésus faisait des miracles, que les foules le suivaient avec enthousiasme et écoutaient son enseignement. Un jour, lors de son premier séjour à Jérusalem, Jésus eut la surprise d'une visite nocturne de Nicodème. Dans la position sociale qu'il occupait comme membre du sanhédrin, Nicodème craignait de se compromettre en rencontrant Jésus. D'où sa décision de le rencontrer la nuit. Sa démarche prouve une sincérité qui l'affranchira peu à peu de ses confrères. Malgré l'hostilité croissante du Sanhédrin, il prit un jour la défense de Jésus. Ainsi parmi les gens qui avaient entendu Jésus dire : celui qui a soif, qu'il vienne à moi ! Qu'il boive, celui qui croit en moi." *(Jn 7, 37-39)*, certains voulurent l'arrêter, mais personne ne mit la main sur lui. Les gardes qui auraient dû l'arrêter se justifièrent devant le Sanhédrin. Nicodème, membre de l'assemblée, intervint pour prendre la défense de Jésus.

"Est-ce que notre Loi permet de condamner un homme sans l'entendre d'abord pour savoir ce qu'il a fait ?" (Jn 7,50)

Plus tard, il apporta des aromates et aida ceux qui étaient présents à préparer le corps du Crucifié, selon la coutume juive d'ensevelir les morts. Ce service qu'il rendit est révélateur de sa reconnaissance de Jésus en qui il vit son Sauveur.

"Nicodème (celui qui la première fois était venu trouver Jésus pendant la nuit) vint lui aussi ; il apportait un mélange de myrrhe et d'aloès pesant environ cent livres. Ils prirent le corps de Jésus, et ils l'enveloppèrent d'un linceul, en employant les aromates selon la manière juive d'ensevelir les morts." (Jn 19, 39-40)

Nicodème, homme religieux, était venu à Jésus comme à un maître en religion. Jésus comprit qu'il avait besoin d'un renouvellement intérieur. Il répondit aux pensées que Nicodème n'avait pas encore eu le temps d'exprimer, et qui avaient trait au royaume de Dieu.

"Amen, amen, je te le dis : personne, à moins de renaître, ne peut voir le règne de Dieu." (Jn 3, 3)

Nicodème saisit cette condition dans un sens matériel et répliqua : " Comment est-il possible de naître quand on est déjà vieux ? Est-ce qu'on peut rentrer dans le ventre de sa mère pour naître une deuxième fois ? Jésus lui indiqua le vrai caractère de cette renaissance en l'appelant une naissance d'eau et d'esprit. Cette autre vie, née de l'eau et de l'esprit permettra d'entrer dans le Royaume de Dieu. *(Jn 3, 3)* Jésus lui révéla ensuite quel était le plan de Dieu pour l'humanité : Dieu a tellement aimé le monde qu'il lui a donné son Fils unique, afin que quiconque croit en lui ne périsse pas, mais qu'il ait la vie éternelle. Nicodème savait que d'après les Écritures l'eau entrait dans les rites de purification.

" Je verserai sur vous une eau pure, et vous serez purifiés. De toutes vos souillures, de toutes vos idoles je vous purifierai. Je vous donnerai un cœur nouveau, je mettrai en vous un esprit nouveau. J'enlèverai votre cœur de pierre, et je vous donnerai un cœur de chair. " (Ez 36, 25-27)

Il savait aussi que Jean-Baptiste avait prêché dans le désert de Juda, que des foules étaient venues à sa rencontre de Jérusalem, de toute la Galilée et de la vallée du Jourdain pour y recevoir le baptême en vue de la repentance. Peut-être avait-il appris que Jean annonçait Celui qui devait venir après lui et qui baptiserait dans l'Esprit saint et dans le feu. *(Mt 3, 1-11.)* Il pouvait donc comprendre que l'eau, employée dans toutes les purifications rituelles en usage chez les Juifs, était le signe et la marque de la repentance.

"Avançons-nous donc vers Dieu avec un cœur sincère, et dans la certitude que donne la foi, le coeur purifié de ce qui souille notre conscience, le corps lavé par une eau pure." (He 10,22)

Cependant, cette repentance, ne suffit pas pour accéder au Royaume de Dieu, il faut un retournement complet, une naissance d'en haut avec l'aide de l'Esprit Saint. C'est-à-dire une naissance spirituelle. Dieu nous propose un nouveau départ, une vie nouvelle, il nous appelle à changer de comportement. Il s'agit de suivre ce chemin étroit dont nous parle l'évangile. Dieu nous demande de mettre en valeur la richesse de notre cœur et de nos mains pour que d'autres puissent avoir le droit de vivre. Pour y arriver, acceptons qu'il mette en nous un cœur de chair semblable au sien, un cœur plein d'amour et de compassion, un cœur qui ne renonce jamais à faire disparaître ce qui détruit. Ce retournement complet signifie chercher Dieu, marcher avec lui, suivre avec fidélité les enseignements de Jésus et plus particulièrement son commandement. *"Aimez-vous les uns les autres comme je vous ai aimés."* Le Christ nous demande d'entendre le cri du pauvre et d'accepter de défier les puissances qui l'oppriment. Ce retournement consiste à l'accepter librement et avec amour. Notre conversion se traduira par notre disposition à marcher simplement et avec confiance à la suite de Jésus. Toute personne qui se laisse conquérir par le Christ ne craint pas de perdre sa vie, car sur la Croix Il nous a aimé et s'est donné lui-même pour nous. Plus précisément en perdant notre vie par amour nous la retrouvons.

La Croix est la révélation définitive de l'amour et de la miséricorde divine également pour nous, hommes et femmes de notre époque, trop souvent distraits par des préoccupations et des intérêts terrestres et passagers. Dieu est amour, et son amour est le secret de notre bonheur. Cependant, pour entrer dans ce mystère d'amour, il n'y a pas d'autre voie que celle de nous perdre, de nous donner, la voie de la Croix. « Si quelqu'un veut marcher derrière moi – dit le Seigneur -, qu'il renonce à lui-même, qu'il prenne sa croix, et qu'il me suive. (Benoît XVI)

La prière, le jeûne et la pénitence, les œuvres de charité envers nos frères deviennent ainsi les chemins spirituels pour retourner à Dieu, en réponse aux appels répétés à la conversion : *"Convertissez-vous dit le Seigneur, car le Royaume des cieux est proche."* Ce n'est pas notre péché qui entraîne la condamnation de Dieu, mais notre refus de nous convertir. Reconnaissons que nous sommes pécheurs et croyons à la nécessité de nous réconcilier avec Lui.

Un changement de vie est toujours possible

Dans la parabole des deux fils (que nous rapporte Matthieu dans son évangile, il est question d'un fils qui dit oui et qui ne fait pas et d'un autre fils qui dit non et qui fait. *Un homme avait deux fils. Il vint trouver le premier et lui dit : " Mon garçon, va travailler aujourd'hui à ma vigne." Il répondit : "Je n'en ai pas envie". Mais ensuite, s'étant repenti, il y alla. (Mt 21, 28-29)* Dieu, Père de Jésus et notre Père, nous fait toujours confiance. Il dit à chacun et à chacune : *"Va travailler aujourd'hui à ma vigne" (Mt 21,28)*. La vigne de Dieu, c'est Jésus et ceux qui aiment Jésus. C'est Jésus lui-même qui a dit cela : *" Je suis la vigne et vous êtes les sarments" (Jn 15, 1)*. Ne fais pas comme le fils qui a dit oui et qui n'a rien fait ensuite. À toute personne qui lui ont dit non un jour, il continue de dire : "Va travailler à ma vigne"; j'ai besoin de toi ; tu peux à chaque instant revenir vers moi et devenir un bon ouvrier dans ma vigne."

Le père s'adressant également à l'autre lui dit la même chose ; il répondit : "Bien sûr que oui, Seigneur ! " Mais il n'y alla pas. (Mt 21, 30)

Jésus en nous proposant cette histoire toute simple veut tout simplement nous montrer quelqu'un qui change, qui se convertit *(le premier fils)*. Quel que soit ton passé, quels que soient tes refus précédents…, un changement de vie est toujours possible. Jésus est celui qui donne sa chance à toute personne, même à celle qui est souvent fautive. Ce deuxième garçon nous ressemble souvent : même si tu dis "non" à Dieu, toujours il te dira : *"Va travailler à ma vigne"*. Et toujours tu peux devenir un bon ouvrier dans la vigne de Dieu. Dieu ne te dira jamais: "J'en ai assez de toi ; je te laisse tomber; fais ce que tu veux, je ne veux plus te voir !" Dieu te fait confiance et tu peux lui faire confiance. Alors entre en contact avec lui, rencontre-le !

Dans la parabole du pharisien et du publicain *(Lc 18, 9-14),* Jésus nous met en présence de deux hommes dont les dispositions morales étaient totalement aux deux pôles extrêmes de la vie religieuse, et leur fit exprimer clairement leurs pensées. Le pharisien était un homme pieux et honnête respectant la Loi juive et la mettant en pratique : il était en matière de religion pour la stricte observance pratiquant même plus que ne lui demandait la Loi. Il était venu au Temple pour rendre grâces à Dieu, d'abord du mal qu'il ne faisait pas, puis de tout le bien qu'il faisait. Il priait pour lui-même et ses pensées, s'arrêtant avec complaisance sur lui-même ne s'élevaient pas jusqu'à Dieu. Dans son examen de conscience, il prit pour mesure, non pas la loi de Dieu, mais les autres hommes dont il exagéra leurs vices jusqu'à la calomnie *(voleurs, injustes, adultères…),* car ils n'étaient pas tous comme il les décrivit. Enfin, son dernier mot trahissait un profond mépris pour le publicain.
Dans sa prière le Pharisien rappela à Dieu qu'il jeunait deux fois par semaine et qu'il donnait le dixième de ce qu'il gagnait au Temple. Jeûner deux fois la semaine (le lundi et le jeudi), et donner la dîme de tous ses revenus, tel était le devoir de tout Israélite. Peut-être souhaita-t-il que Dieu le félicitât pour son attitude ? Quant au

publicain, lui, il appartenait à la catégorie des pécheurs publics. Tout, dans cet homme, dénotait la plus profonde repentance de ses péchés, son attitude aussi bien que ses paroles ; il se tenait à distance du sanctuaire et n'osait même pas lever les yeux vers le ciel de peur d'y rencontrer son Juge ; il se frappait la poitrine, en signe de profonde douleur. Sa prière était une humble confession et une ardente supplication. Elle ne compta pas beaucoup de paroles, elle fut un cri du cœur. D'un côté, un homme plein de lui-même et de ses mérites qui estimait que Dieu est en dette envers lui et se devait de le féliciter et de l'autre côté, un homme *(le publicain)* qui connaissait sa misère morale et qui savait qu'il pourrait obtenir son pardon : il s'en remit humblement à Dieu, pour être sauvé ; il avait plein de confiance et espérait bénéficier de la miséricorde de Dieu. Il savait que Dieu aime gratuitement. Devant Dieu, nous sommes tous et toutes au même point que ce publicain. Pécheurs, nous sommes incapables de nous sauver seuls. Nous avons besoin de nous en remettre à l'amour du Christ.

Quelle est ton attitude dans la prière : celle du pharisien ou celle du publicain ?
Crois-tu que Jésus peut seul te sauver par une parole de Pardon ?
Où en es-tu de l'amour de Dieu et de tes frères ?

Si tu crois que tu ne parviens pas à prier, alors parle tout simplement à Dieu. Seules tes paroles comptent, seule ta sincérité et ton amour pour Dieu comptent. Les plus belles prières sont celles que tu formes avec les mots qui s'échappent de ton cœur. Par la prière tu pourras changer ta vie, car Dieu te tend toujours la main et ne t'abandonnera jamais. Quatre mots simples, quatre mots d'enfants peuvent résumer toute prière : oui, merci, donne et pardon. Par exemple : Oui, Père. Merci, Père. Pardon Père... Ou bien : Oui, Jésus. Merci Jésus. Une très belle prière simple, c'est la prière du OUI. Ce petit mot si simple est un mot fort. Il peut être pour tous un mot-clef ! Un mot qui t'ouvrira la porte du royaume de la prière. Dire oui, cela coûte parfois. Laisser là ton travail, pour être disponible à ce qui t'est demandé dans l'instant, c'est exigeant. Tu as parfois envie de répondre : Oui, mais... Oui, mais pas tout de suite... Oui, mais plus tard... Oui, mais autrement ! La prière t'apprend à dire joyeusement : "Que ta volonté soit faite ! Que ta volonté soit fête !"

Quelques liens utiles pour t'aider à prier

Si tu veux avoir une vie de prière
- *http://www.carmel.asso.fr/Ne-reste-pas-seul.html*

Essaye d'être présent à Dieu
- *http : // www. viacrucis.free.fr/prieres/priere.html*

Je ne sais pas comment faire
- *http://www.aidez-moi.org/prier.html*

Comment prier ?
- http://topchretien.jesus.net/toppriere/view/textes/4/comment-prier.html

Aide-moi à prier
- http://www.aidez-moi.org/prier/comment_prier.html

Comment, quand et où prier ?
- http://92.catholique.fr/faq/priere_sens.htm

Quelques changements radicaux de vie

Ultime demande - Un des deux malfaiteurs cloués en croix aux côtés de Jésus reconnut que sa condamnation était justifiée mais pas celle de Jésus qui n'avait rien fait de mal. Il reconnut avoir commis le mal. L'acceptation de sa punition prouva qu'il était repentant et qu'il espérait du fond de son cœur obtenir le pardon de Dieu. Reconnaissant Jésus comme Roi des Juifs, il lui demanda de se souvenir de lui quand il ira dans son Royaume qui n'est pas de ce monde. *(Lc 23,42)*

Ce bandit rendit ainsi justice au Règne de Dieu et appela de tout son cœur, sous l'influence de l'Esprit Saint, le Retour du Christ en Gloire ! Tout est dit dans cette ultime demande : humblement, il ne demanda qu'un souvenir. Avec confiance, il se jeta dans les bras de Jésus crucifié, en qui il vit un roi auquel appartient le royaume spirituel qu'il viendra un jour établir dans sa puissance et sa gloire.

La réponse de Jésus fut sans équivoque, cet homme repentant sera avec lui dans le Ciel : "Je te le déclare en vérité, aujourd'hui tu seras avec moi dans le paradis." *(Lc 23,43)* Nous aussi nous pouvons espérer pareille récompense. Si, dignement, nous communions au Corps du Christ, alors, nous rendrons justice au Règne de Dieu, nous reconnaîtrons Jésus Roi des Juifs et Roi de l'Univers, non seulement dans notre cœur, mais aussi dans toute notre personne.

* *
*

Conversion de Saul - Saul naquit à Tarse, en Asie Mineure. En tant que juif, il était pharisien ; il fit ses études bibliques auprès de Gamaliel, un pharisien très influent. En tant que pharisien sincère, il n'avait qu'une passion : servir Dieu en pratiquant minutieusement la Torah. Lui, qui fit des études théologiques très poussées, se rendit compte que la multiplication des communautés nouvelles, organisées par les disciples de Jésus après l'évènement de la Pentecôte, allait bouleverser le judaïsme. Il décida de tout faire pour les éradiquer.

Saul ne supporta pas ces nouveaux prédicateurs. Ce Jésus qu'ils annonçaient avait pourtant été condamné comme un blasphémateur par les autorités. Or Pierre et ses compagnons, dans leurs prêches, le mettaient sur le même plan que Dieu lui-même. Pour Saul, c''était inacceptable. Il fallait à tout prix préserver l'intégrité de la foi juive. Dans les synagogues, il dénonça les gens qui se réclamaient du Christ. Il usa de sa force de conviction pour les ramener à une juste vision de la Torah. Il ne put accepter que des hommes puissent avoir un rapport avec Dieu qui passa par un autre chemin que celui imposé par la Loi. Le Christ était pour lui le rival qu'il fallait absolument éliminer pour que fut sauvegardée la gloire de Dieu. Pour Saul, c'était terminé. On ne devait plus en parler !

Il décida de dénoncer et de combattre cette nouvelle secte. Il approuva la mort d'Étienne et assista à la lapidation du condamné hors de la ville de Jérusalem où il garda les manteaux des témoins qui jetèrent la première pierre. *(Ac 7, 58)* Telle fut la fin du premier martyr de l'Église catholique. La persécution contre l'Église s'amplifia à partir de ce jour-là et fut occasionnée par l'émeute même qui avait causé la mort d'Étienne. *(Ac 8, 1)* La haine de Saul contre *"les membres de la nouvelle secte"* n'avait pas été assouvie par la persécution qui ravagea l'Église de Jérusalem dont tous les membres furent dispersés.

Plus tard, il partit à Damas où une église chrétienne avait été créée par la dispersion des chrétiens de Jérusalem. Muni de lettres du souverain sacrificateur pour les synagogues *(Ac 9,1)*, il décida à les pourchasser de leur refuge. Il espérait se saisir d'eux par l'entremise des chefs des synagogues auxquelles des chrétiens de Damas s'étaient rattachés. C'est là sur le chemin de Damas que le Christ en gloire se manifesta à lui. Pour lui, ce fut un renversement radical ! Ce fut un évènement décisif pour l'Église naissante : le Christ vint personnellement conquérir celui qui le persécutait. *(Ga 1-13 ; Ac 22, 4-5 ; Ac 22, 19 ; Ac 26, 9-11)* Saul resta trois jours prostré et aveuglé à Damas. Il fit le bilan de sa vie mais, dans ce bilan douloureux, le Christ s'était installé. C'est ainsi que Saul devenu Paul, apôtre du Christ, dira plus tard : " Ma vie c'est le Christ." Sous l'effet de la lumière intérieure qui l'éclaira soudain sur la portée des Écritures, Paul vit dans le Christ l'aboutissement de l'Ancien Testament et la réalisation des prophéties. Paul est devenu pour tous un témoin authentique de la personne et du message de Jésus.

* *
*

François d'Assise *(1182-1226)* - Issu d'une riche famille marchande, François eut une jeunesse marquée par les aspirations de son époque. Il mena la belle vie, organisa des sorties avec ses condisciples et fit de nombreuses escapades. Un jour de 1205, alors qu'il était en prière devant le crucifix de la chapelle San Damiano

François rencontra le Christ. Il entendit une voix lui demandant de réparer son Église en ruine. Dans un premier temps, il crut comprendre que le Christ lui demandait de restaurer des lieux de culte et il œuvra dans ce sens. Au début de 1208, dans la chapelle de la Porziuncola, François comprit ce message de l'Évangile de Matthieu : *"Dans votre ceinture, ne glissez ni pièce d'or ou d'argent, ni piécette de cuivre. En chemin, n'emportez ni besace, ni tunique de rechange, ni sandales, ni bâton." (Mt 10,9)* Il décida alors de vivre pauvrement, et de se consacrer à la prédication et de gagner son pain par le travail manuel ou l'aumône. Il changea son habit pour une tunique simple. La corde remplaça sa ceinture. Tout au long de sa vie itinérante qu'il mena avec ses compagnons, il n'eut jamais d'autre souci que de suivre Jésus, dans la joie, la simplicité du cœur, l'attachement à l'Église, et une tendresse qui allait à tous.

Seigneur, faites de moi un instrument de votre paix. Là où est la haine, que je mette l'amour. Là où est l'offense, que je mette le pardon. Là où est la discorde, que je mette l'union. Là où est l'erreur, que je mette la vérité. Là où est le doute, que je mette la foi. Là où est le désespoir, que je mette l'espérance. Là où sont les ténèbres, que je mette la lumière. Là où est la tristesse, que je mette la joie. Faites que je ne cherche pas tant à être consolé que de consoler, D'être compris que de comprendre. D'être aimé que d'aimer. Parce que c'est en donnant que l'on reçoit, C'est en s'oubliant soi-même qu'on se retrouve. C'est en pardonnant qu'on obtient le pardon. C'est en mourant que l'on ressuscite à l'éternelle vie.
Prière attribuée à saint François d'Assise en 1912

* *
*

Charles de Foucauld *(1858- 1916)* fit carrière dans l'armée, intégrant Saint-Cyr et mena une vie dissolue. À vingt-trois ans, il décida de démissionner de l'armée afin d'explorer le Maroc en se faisant passer pour un Juif. De retour en France et après diverses rencontres, il retrouva la foi ; il devint religieux chez les Trappistes *(16* *janvier 1890).* Puis il partit pour la Syrie où sa recherche d'un idéal encore plus radical de pauvreté, d'abnégation et de pénitence le poussa à quitter sa communauté afin de devenir ermite en 1901. Ce qui est remarquable dans ces exemples, c'est que Jésus fit les premiers pas. Il provoqua lui-même la rencontre, il prit l'initiative.

Ignace de Loyola naquit à Azpeitia *(Pays basque espagnol)* le 24 décembre 1491. *Jusqu'à l'âge de 26 ans, il s'adonna aux vanités du monde et principalement il se délectait dans le maniement des armes.* Le 20 mai 1521, il participa au siège de Pampelune où il fut blessé par un boulet de canon. Durant sa convalescence, il lut de nombreux livres religieux retraçant la vie de Jésus et racontant les faits et gestes de saints. Dans un mélange de ferveur et d'anxiété, il vit en songe lui apparaître Notre-Dame avec l'enfant Jésus dans ses bras, il rejeta sa vie passée et spécialement les choses de la chair. Il ne songea plus qu'à adopter une vie d'ermite et suivre les préceptes de saint François d'Assise et d'autres grands exemples monastiques. Il fonda la Compagnie de Jésus *(Paris 1534)* et en fut le premier supérieur général. Cette congrégation religieuse, reconnue par le pape Paul III en 1540, prit rapidement une importance considérable dans la réaction de l'église catholique aux XVIe et XVIIe siècles, face à l'ébranlement causé par la Réforme protestante. C'est de Rome qu'Ignace de Loyola travailla à la diffusion de la compagnie de Jésus en Europe et à son essor missionnaire. Il a donné l'exemple d'un attachement sans réserve à l'Église et au pape. Auteur des *Exercices spirituels*, il fut un extraordinaire directeur de conscience. La spiritualité ignacienne est l'une des principales sources d'introspection religieuse dans la religion catholique. Ses exercices spirituels tracent un chemin à qui veut consacrer sa vie à la plus grande gloire de Dieu. Il mourut à Rome le 31 juillet 1556. Il a été canonisé par le pape Grégoire XV le 12 mars 1622.

La rencontre avec le Christ ressuscité transforme. Et nous, quand nous venons à l'église, faisons-nous une véritable rencontre avec Jésus ressuscité qui transforme ? L'histoire de l'Église nous raconte combien d'hommes et de femmes ont été transformés par leur rencontre avec le Christ. Ce fut parfois un choc brutal, une conversion subite : saint Paul, saint Augustin, saint Ignace de Loyola, sainte Thérèse d'Avila, Charles de Foucauld... Ces rencontres entraînèrent une relation quotidienne qui transforma leur vie.

Jésus s'offre à ma rencontre chaque matin et chaque soir à l'heure de la prière personnelle ou familiale, chaque dimanche à l'eucharistie pour entendre sa Parole, communier à son offrande, et recevoir son Corps. Est-ce pour moi une rencontre véritable de Jésus ressuscité qui m'attend ? Si l'église de ma paroisse est ouverte, avec une lampe qui m'indique qu'il est là, au tabernacle, disponible pour la rencontre dans l'intimité du silence, pourquoi ne pas en profiter ? L'écoute et la lecture de la Parole de Dieu sont aussi des moyens privilégiés pour entrer en relation avec Jésus. De quelque manière qu'elle se fasse, la rencontre du Ressuscité élargit le cœur et nous transforme.

Pour aller plus loin…

Saint Ignace de Loloya → http : // www.saint ignace de loyola
Charles de Foucault → http : // www.charles de Foucauld
Saint François d'Assise → http : // www.saintfrançois d'assise
Paul de Tarse → http://www. la.vie.de.paul.de tarse
Site protestant évangélique → http://www. godet épîtres paul.pdf

Le pauvre Lazare et l'homme riche

Cette histoire racontée par Luc au chapitre dix *(Lc 10, 16-31),* nous parle du fossé qui sépare les riches des pauvres. Les personnes qui acceptent cette situation se retrouveront à jamais de l'autre côté. Les riches qui restent sourds à la détresse resteront enfermés sur eux-mêmes et les pauvres franchiront les portes de la vraie vie, celle du Paradis. Un abîme sépare le riche dans sa fournaise (en Enfer) de Lazare. Cet abîme, c'est le riche lui-même qui l'a creusé au cours de sa vie, alors qu'aveuglé par sa richesse il n'avait pas remarqué à sa porte le pauvre qui souffrait. Personne ne l'avait-il averti des conséquences de son insouciance ?

> **La rencontre avec Dieu passe par la rencontre avec les plus démunis**.

L'Évangile ne dit pas quel péché a condamné le riche à l'Enfer. Son péché, c'était de ne pas voir Lazare couché devant sa porte. C'est la perversion de son esprit qui l'a conduit en Enfer et particulièrement lorsqu'elle lui inspirait haine et mépris pour toutes les personnes qui réclamaient les exigences de la justice, telles que Moïse et les prophètes.

Les "Lazare" de notre époque sont une multitude ; ils s'appellent le quart-monde. Les pays les plus puissants et les minorités privilégiées se sont emparés de la table à laquelle tous avaient droit : les industries nationales et les sources d'emploi sont systématiquement détruites par la mondialisation des échanges commerciaux affranchis de toute morale sociale, par la délocalisation d'entreprises vers des pays où les salaires accordés aux travailleurs sont scandaleusement bas. Conséquence de cette politique : Ils sont des centaines de millions de "Lazare" qui s'enfoncent dans la désocialisation jusqu'à ce qu'ils meurent de misère, ou par la violence née d'une vie déshumanisée : actions terroristes, assassinats, car jacking, enlèvements, attaques à main armée... Les "Lazare" de nos grandes villes vivent dans les couloirs de nos métros, des maisons insalubres, des abris de fortune et dans les pires des cas parmi les décombres et les immondices : ils deviennent des prostitués, des pickpockets..., jusqu'à qu'une mort prématurée leur permettent de trouver quelqu'un qui les aime, en compagnie d'Abraham et des anges. Cette parabole nous rappelle les exigences de l'amour du prochain. Il n'y a qu'un seul commandement nous dit le Christ. : Je vous donne un commandement nouveau, je vous demande de vous aimer comme moi je vous ai aimés. Cette parabole nous enseigne aussi l'importance unique de la Parole de Dieu. Seule cette Parole pouvait convertir les frères du riche et les sauver. Ne restons pas aveuglés par nos richesses : richesses matérielles, culturelles, de nos amis ou relations, spirituelles, alors que nous croisons tant de pauvres dans la rue ! Lazare dans notre monde, aujourd'hui, c'est plus de soixante-dix pour cent de l'humanité qui sont couchés sur le seuil de notre porte. Malédiction aux personnes qui, à un moment de prospérité, se contentent de vivre dans le luxe sans se soucier du sort des plus pauvres. La richesse insolente des uns est une insulte à l'égard des gens qui sont obligés de compter sans cesse pour vivre ou qui sombrent chaque jour, un peu plus dans la misère et le manque de nécessaire. Sur ce fond de disparités sociales, cette parabole de l'évangile annonce un renversement de situation dans l'au-delà. Cette révélation mérite notre extrême attention : ce que nous vivons aujourd'hui aura un retentissement éternel.

Cette histoire racontée par Jésus met en scène un riche qui se goinfre, vautré dans son bien-être et en face de lui un malheureux dans un état de délabrement extrême. Ce riche ne voit pas le pauvre, il ne lui prête aucune attention ; il l'ignore purement et simplement comme s'il n'existait pas à ses yeux ! Il n'a pas vu, donc il n'a pas aimé et le comble c'est que c'est le chien qui voit le pauvre puisqu'il lèche ses plaies ! L'indifférence de ce riche à l'égard de ce malheureux est une attitude extrêmement grave, car elle rend totalement insensible et imperméable à l'autre par conséquent son indifférence l'éloigne de Dieu qui se fait proche de toute personne qui souffre. Le drame de ce riche est de ne penser qu'à lui : son avoir, ses vêtements, sa boisson et sa nourriture occupent totalement son esprit. En lui, il n'y a aucune place pour les autres et en particulier pour Lazare. Les richesses ont ceci de particulier : elles rendent aveugle et indifférent à la misère d'autrui et ce terrible fossé d'incompréhension semble devoir se continuer dans l'éternité avec cette fois un renversement de situation : le pauvre est dans la joie de Dieu et le riche est rongé par le feu du regret et entre les deux un nouvel abîme, un fossé infranchissable.

Ce grand abîme n'a pas été creusé par Dieu mais bien par l'égoïsme de ce riche. Attention ! Nous voilà avertis ! Cet abîme est creusé par la méchanceté des hommes et il entre avec nous dans l'éternité. Ce fossé sera t-il comblé un jour ? Il ne peut l'être que par Dieu. Laissons à sa Miséricorde infinie le soin de trouver le moyen de sortir le mauvais riche de son mauvais pas !

L'égoïsme des nantis creuse d'avantage le fossé entre riches et pauvres et si rien n'est fait, tout le monde court à la catastrophe, y compris ceux et celles qui aujourd'hui jonglent avec l'argent. Ce fossé se creusera aussi, comme dans la parabole, pour l'éternité, ne l'oublions pas ! Nous serons jugés avant tout sur nos fautes d'omission : *"J'avais faim et tu ne m'as pas donné à manger "*

Écoutons les conseils du riche de l'Évangile qui nous crie : *" Ne faîtes pas comme moi, durant votre court séjour sur la Terre, vous préparez votre place dans l'éternité. Des fautes vous en ferez encore et encore, mais n'oubliez pas que l'aumône couvre une multitude de péchés et si vous n'êtes pas spontanément généreux, pensez, au moins, un peu à vous, à votre avenir éternel."*

Voici quelques pistes de réflexion pour prolonger notre méditation…

Si tu as en suffisance de la nourriture jusqu'à la fin de cette semaine, tu es certainement riche par rapport à celui qui ne sait pas encore s'il mangera ce soir. En soulignant la situation dramatique du riche, cette parabole insiste sur l'urgence des choix à faire. Demain il sera trop tard ! Quels gestes concrets peux-tu faire pour apporter ton aide ? Aimer, c'est voir : sans orgueil, sans sectarisme, mais plein d'estime et de compréhension porte secours à ton frère en détresse. Méfie-toi des alibis que tu trouves pour ne pas ouvrir ton porte-monnaie. Des pauvres, des vrais pauvres, il y en a parmi nous…, mais ils ont la pudeur de se cacher !

Visa pour le Royaume des cieux

Je vous donne un commandement nouveau

Les derniers mots de Jésus à ses disciples au cours de la dernière Cène ont été justement appelés son testament spirituel. Jésus ne donne pas à ses disciples une dernière série de préceptes ou de recommandations détaillées concernant ce qu'ils devront faire ou ne pas faire. Ainsi lorsqu'il nous dit : "Je vous donne un commandement nouveau : c'est de vous aimer les uns les autres" *(Jn 13,34a)*, cela a un sens doctrinal : il s'agit beaucoup plus d'une mission que d'un commandement.

Nous aimer les uns les autres est la mission que nous avons reçue de Jésus. Et c'est par là que les gens sauront que nous sommes ses disciples ; c'est ainsi que nous serons ses témoins. *"Si nous nous aimons les uns et les autres alors Dieu demeure en nous" (1 Jn 4,2)*

Jésus a dit également : *"Si vous m'aimez, vous observerez mon commandement, et mon père vous aimera ; nous viendrons et nous ferons chez-vous notre demeure."* *(Jn 14,23)*

Oui, l'amour véritable est une présence réelle de Dieu ! Nourrir, vêtir, visiter, soigner toute personne qui vit des moments difficiles (maladie, perte d'emploi, précarité, abandon…), c'est rencontrer Jésus qui est présent en cette personne qui a besoin de moi et que je sers. Et Jésus d'insister : *" Comme je vous ai aimés, vous aussi aimez-vous les uns, les autres" (Jn 13, 34b)*

Aimer comme Jésus ! C'est se mettre aux pieds de ses frères pour leur laver les pieds, geste du plus humble service. Jésus fit ce geste à ses disciples le soir du Jeudi Saint où il nous a dit l'essentiel. Si vous voulez devenir vraiment son disciple, il faut faire comme lui, le Maître : laver les pieds de vos frères. Ce qui veut dire que l'amour fraternel se traduit concrètement par le service. Et deux séries de Paroles de Jésus, les

Béatitudes et le Jugement dernier, mettent les points sur les "I" : servir Dieu, servir le Christ, c'est servir les pauvres.

Le signe auquel on reconnaît les disciples de Jésus n'est pas seulement la messe. Ce qui montrera à tous que vous êtes mes disciples, nous dit, avec autorité, Jésus, c'est l'amour que vous aurez les uns pour les autres. Donner à boire à l'assoiffé, à manger à l'affamé, un vêtement à celui qui ne peut en acheter car trop pauvre, faire une visite d'amitié à un malade…, c'est aimer en vérité, c'est rencontrer Dieu lui-même ! Nous aimer les uns les autres à la manière du Christ, c'est aussi aimer nos ennemis et prier pour ceux qui nous font du mal. Jésus nous demande de ne pas riposter au méchant et de ne pas nous venger du tout ! *(Mt 5, 39a)*

" Œil pour œil, dent pour dent" - Cette loi du Talion apparut en 1730 avant J.C. dans le code de Hammourabi, alors roi de Babylone ; on la trouve aussi dans la loi de Moïse. Par cette loi les droits coutumiers tentaient de limiter les excès de la vengeance : on ne devait faire subir à l'agresseur que la même action que lui-même avait fait subir à sa victime. *(voir à Ex 21, 24)*

Jésus rejette ce droit aux représailles. La justice qui consiste à exiger une peine identique à celle qu'on a subie, débouche inévitablement sur des débordements incontrôlables. Lorsque la roue de la violence est mise en branle, qui l'arrêtera ? Personne ne fera la paix en exigeant que l'autre souffre tout autant que ce qu'il lui a fait subir. Voilà le message de Jésus à ses contemporains. Jusqu'ici on priait contre ses ennemis *(Ps 17,13)* et maintenant. Il faut prier pour qu'ils se convertissent. Jésus nous a lui-même montré la voie à suivre ; il a voulu le bien de ceux qui voulaient lui faire du mal, il a souffert et est mort pour ceux qui le faisaient souffrir et mourir.

"Père, pardonne-leur, ils ne savent pas ce qu'ils font" (Lc 23,34)

Ce qui est important, c'est de ne pas résister au mal, mais de le vaincre par le bien. Jésus nous invite donc à un comportement nouveau : pour imiter Dieu, nous devons aller jusqu'à cet amour qui n'est pas simplement un amour de réciprocité : "Je t'aime puisque tu m'aimes." Vivre chrétiennement, c'est aimer comme Dieu aime, sans calcul. Aimer notre ennemi, aimer un ingrat ou celui qui n'a rien, c'est aimer comme Dieu aime. Sache que Dieu, Lui, il t'aime en te pardonnant sans cesse ! Les exigences d'un tel amour peuvent nous sembler démesurées et nous laisser dans le désespoir : jamais nous n'y arriverons !

"Comme je vous ai aimés, aimez-vous les uns et les autres" - Jésus le dit à chacun, à chacune : "Parce que Moi, je t'aime, et que je te donne l'amour infini de mon Père, laisse-toi aimer comme un enfant qui se laisse prendre dans les bras de sa maman et de son papa. Viens vers moi. Si tu viens vers moi, je pourrai déverser en toi la puissance de l'Amour même qu'est Dieu. Ainsi tu trouveras la force d'aller au delà de tes capacités et tu pourras, jour après jour, apprendre à aimer les autres, comme moi je t'aime." Oui, Seigneur, je veux venir vers toi, car tu as les Paroles de la vie éternelle.

Heureux..., ... Heureux..., Heureux... !

Le sermon sur la montagne est un élément phare de la vie spirituelle : il nous offre le résumé du message de Jésus et il est le support qui nous permet d'aller plus loin, au-delà de nous-mêmes. Il commence par les Béatitudes (*Mt 5, 1-12*). Il appelle au bonheur, il exhorte à l'allégresse. La première des béatitudes est la plus mystérieuse.

"Heureux les pauvres de cœur, le Royaume des cieux est à eux !" (Mt 5, 1).
Elle a forgé l'idéal de très nombreux chrétiens. "Heureux... Heureux... Heureux... Heureux... Heureux... Heureux ... Heureux... Heureux... Heureux..., c'est le premier mot de toutes les phrases du Sermon sur la montagne. Les béatitudes sont une annonce du bonheur, une bonne nouvelle, le résumé de tout l'Évangile. Jésus, c'est d'abord en les vivants lui-même qu'il a proclamé les béatitudes. Si Matthieu,

l'évangéliste, les situe en tête de l'enseignement de Jésus, c'est qu'il y voyait une lumière pouvant éclairer notre route et aussi un joyeux appel à suivre la route que Jésus nous indique pour avoir accès au Royaume des cieux. C'est l'évangile de la joie et la raison de cette joie, c'est le Royaume des cieux. Cependant, le bonheur dont parle Jésus n'exclut pas les contrariétés et la souffrance. Si les choses désagréables qu'on dit sur moi sont exactes, je n'ai aucune raison de me réjouir car ma vie donne alors un contre-témoignage de l'Évangile ! Mais si c'est à cause de ma fidélité à Jésus qu'il m'arrive des ennuis, alors c'est que je suis sur la bonne voie.
Jésus, dans son discours sur la montagne, vise des gens que l'on considère comme malheureux et les mots variés de son discours ne sont là que pour répercuter une seule et même pensée.

"Venez à moi vous tous qui peinez et êtes accablés, et moi, je vous donnerai le repos. Prenez sur vous mon joug et mettez-vous à mon école, parce que je suis doux et humble de cœur, et vous trouverez le repos pour vous mêmes, car mon joug est agréable et mon fardeau léger" (Mt 11, 28-30)

Oui, Jésus est bien celui que l'on attendait, celui qui devait apporter la bonne nouvelle du salut. Jésus est celui qui regarde avec amour les prostrés, les écrasés, les détournés, les découragés et tous ceux et celles qui n'en peuvent plus *(Mt 9, 36)*. Même si nous sommes tombés très bas, Jésus nous dit que Dieu est le Père du fils prodigue. Si nous donnons la priorité à Dieu dans notre vie alors, nous trouverons le vrai bonheur. Si nous voulons marcher aux côtés de Jésus, nous devons nous désencombrer de tout et retrouver la pauvreté du cœur ! Heureux sont les personnes dont le regard n'est pas troublé par l'envie, la jalousie ou la mesquinerie.

Heureux les pauvres de cœur et heureux les doux, ce sont deux nuances d'une même réalité : l'attitude du faible qui n'est plus capable de se défendre, la personne humiliée, abaissée, l'homme ou la femme qui ne parvient pas à faire respecter ses droits. Le doux, c'est celui qui ne perd pas patience. Heureux les gens qui ne sont pas blasés, ceux qui savent encore s'émerveiller et se réjouir comme un enfant qui reçoit un cadeau ! Jésus s'est dit doux et humble de cœur. Harcelé par ses ennemis, il leur pardonnait. Jésus a vécu le premier les béatitudes. C'est seulement pour les humbles qui cherchent Dieu dans la justice et l'humilité qu'un espoir de salut demeure. Les bénéficiaires des largesses de Dieu sont les opprimés, les affamés, les enchaînés, les aveugles, les étrangers, les veuves et les orphelins. Bref tous ceux et toutes celles que les puissants ignorent ou méprisent. Heureuses sont les personnes qui combattent les idées fausses ou perverses sans blesser les autres ; celles qui savent faire preuve de patience, se contrôler sans se laisser aveugler ou dominer par la colère ! Heureuses seront celles qui savent faire cesser les vieilles rancunes, celles qui ne font pas de commérages, et qui ne désespèrent pas de rendre leur entourage plus fraternel. Agissant ainsi, ces personnes font honneur à Dieu.

"À mesure qu'augmentait mon contact avec les chrétiens, je vis que le sermon sur la montagne était tout le christianisme pour qui veut vivre la vie chrétienne. C'est ce sermon qui m'a fait aimer Jésus"
Gandhi

Les béatitudes sont un condensé de l'enseignement de Jésus et elles contiennent la loi et les prophètes, l'ancienne alliance et la nouvelle ainsi que toutes les clés qui ouvrent le chemin qui mène à la vie éternelle.

Les disciples du Christ viennent en majorité des classes les plus pauvres, les plus méprisées, les plus démunies matériellement et culturellement, tandis que tant de riches, des gens comblés, trop vite repus et satisfaits d'eux-mêmes, se sont fermés à l'Évangile. Dans le monde gréco-romain, il existait un prolétariat constitué d'esclaves, d'artisans et de paysans que la Palestine au temps de Jésus ne connaissait pas au même degré. Ce sont les pauvres que Dieu aime, ce sont ces personnes qui ont commencé à prendre possession du Royaume. Dieu aime d'un amour de prédilection toute personne que le monde méprise. Il s'agit d'un fait qui tient à la liberté de Dieu lui-même : Dieu prend le parti des gens que le monde rejette !

En partageant le sort des pauvres, de la crèche de Bethléem au Golgotha, Jésus a senti pour eux un cœur fraternel. Messie des pauvres, méprisé par le clergé et les intellectuels de Jérusalem, Jésus a souffert comme les petites gens de l'insulte et du mépris de la part de ceux et de celles qui sont repus. Heureuses sont les personnes qui sont capables de vibrer à la peine des autres et de suivre Jésus dans son combat contre tout ce qui est mal. Tant de personnes, satisfaites de leurs biens, pensent progressivement qu'elles peuvent se passer de Dieu…, c'est là le risque de la richesse. Les paroles du Christ nous appellent à œuvrer pour que notre monde social ne soit plus celui des riches, des repus, des jouisseurs quand tant d'autres meurent de faim, de dénuement et de souffrances.

La soif de bonheur est universelle. Le dictionnaire définit le bonheur comme étant un état de complète satisfaction, de plénitude, Pour nous le bonheur est une question de chance, de santé, d'argent, de réussite. Jésus ne voit pas les choses comme nous : pour lui, le bonheur est une question de choix : heureux les malheureux a-t-il dit. Tu peux être heureux, même pauvre, même affamé, même insulté !

Le bonheur de l'homme n'est pas dans la liberté mais dans l'acceptation d'un devoir, disait Antoine de Saint-Exupéry et une des plus sûres conditions du bonheur est de pouvoir regarder sa vie entière sans honte et sans remords (Concordet). Le plus souvent, on cherche son bonheur comme on cherche ses lunettes quand on les a sur le nez ! (G Droz)

Jésus est le Messie des pauvres. Ayant vécu lui-même pauvre, il a souffert comme les petites gens, et, avec eux, de l'insulte et du mépris de ceux qui possèdent. Ce que Jésus promet à ces pauvres : c'est le Royaume de Dieu ! Heureuses sont les personnes qui viennent en aide aux plus pauvres et aux plus démunis : elles ne seront pas dépaysées dans le Royaume de Dieu !

"Heureux soit l'homme qui met sa confiance dans le Seigneur, et dont le Seigneur est l'espérance." (Jr 5.7)

Celui qui oublie son propre bonheur pour chercher celui des autres, trouve le sien par surcroît. Dans la lettre première lettre que Paul, apôtre du Christ, adressa aux Corinthiens, il les invita à faire comme lui en toutes circonstances. Il tâcha de s'adapter à tout le monde, ne cherchant pas son intérêt personnel. Suit un conseil quelque peu surprenant : "Faites comme moi, prenez-moi pour modèle"*(1 Co, 10)*, conseil avisé de celui qui avait déjà affronté bien des difficultés. Son modèle, c'est le Christ Et que fait le Christ ? Il accueille tous les hommes, même les exclus. Heureuses sont les personnes qui choisissent de ne pas se venger. Le riche étant satisfait de ses biens matériels sera tenté de penser qu'il peut très bien se passer de Dieu. C'est sa richesse qui le met en danger, en lui enlevant toute faim de Dieu. Dieu est le seul capable de combler l'appétit infini de bonheur qui est en tout homme.

Ne demandez pas à Dieu de vous rendre heureux, mais utile, et le bonheur suivra.
(Mitchell)

Le riche satisfait est trompé par son argent. Jésus, selon les évangiles, parla de l'argent trompeur *(Lc 16,9)*. Que penserions-nous d'un parieur au tiercé qui miserait chaque fois sur un cheval sûr de ne jamais passer la ligne d'arrivée ? Ce qui est sûr pour tous : nos comptes bancaires et nos livrets d'épargne ne passeront jamais la ligne de l'éternité ! La richesse qui promet le bonheur, est une menteuse ; le dicton populaire "l'argent ne fait pas le bonheur", l'exprime très bien. Le seul bonheur, définitif et absolu, c'est l'Amour Infini : c'est Dieu ! C'est le Royaume de Dieu.

Mais malheureux, sont les riches : ils ont leur consolation. Mais une lueur d'espoir est apparue dans le ciel : Jésus est venu parmi nous pour sauver tous les hommes sans distinction de race ou de statut. Jésus plaint les riches : quel dommage qu'ils soient fermés aux vraies valeurs, à celles qui passent la ligne de l'éternité ! Quelle tristesse quand un homme met sa confiance dans ce qui est mortel ! Attention ! Attention ! Cet avertissement n'est pas fait pour les autres : il s'adresse à chacun de nous, nous, qui risquons d'oublier l'essentiel.

Soyons fidèles aux commandements du Seigneur et nous serons assurés de ne pas nous égarer dans les ténèbres et de demeurer dans son amour.

Pauvreté, humilité et douceur pour demeurer en Dieu

Le prophète Sophonie a présenté le pauvre comme étant celui qui cherche l'humilité et la justice. Saint Paul nous invite à en faire constamment mémoire comme si c'était quelque chose d'essentiel pour que notre relation soit ajustée vis-à-vis de Dieu. Dans l'évangile de Matthieu, le pauvre et le doux sont les deux premiers à être proclamés bienheureux par Jésus.

Être heureux. N'est-ce pas ce que nous désirons tous ? La plupart des gens cherchent le bonheur dans un pays étranger appelé "Ailleurs". Les pauvres rêvent du bonheur des riches, les personnes qui souffrent d'isolement rêvent du bonheur de celles qui sont entourées d'amis. Le bonheur est propre à une région où il fait toujours chaud, mais pas trop. Le bonheur appartient au voisin qui a une grande maison, une femme plus belle, plus de talent et dont les réussites dans la vie sont les plus appréciées. Ce n'est pas de cela qu'il est question quand Jésus parle du bonheur. Ce que Jésus propose comme route du bonheur est exactement le contraire de ce que propose notre société. Dans notre monde, est heureux celui qui détient l'argent, le pouvoir et l'autonomie qu'ils procurent. Sont malheureux ceux qui sont pauvres, ceux qui pleurent... Par contre, Jésus nous invite à opérer un renversement total des valeurs qui nous sont proposées comme moyens de connaître le bonheur.

Le vrai bonheur pour toutes les personnes, les couples, les familles et les sociétés est condensé dans les Béatitudes. Le sermon sur la montagne s'adresse à la foule immense des gens en recherche d'un sens à leur vie. Non pas seulement à ceux et à celles qui vont dans les églises mais à tous.

La première homélie de Jésus avait pour sujet le bonheur ! Les béatitudes sont une annonce du bonheur, une bonne nouvelle, le résumé de tout l'Évangile. Le bonheur dont parle Jésus n'exclut pas les contrariétés et la souffrance. Mais de quel bonheur s'agit-il ? Et pour quand ? Il s'agit bien d'un bonheur pour tout de suite. Le Royaume des cieux est à vous, dès maintenant ! Il faut en prendre conscience. Le bonheur finalement, c'est le Règne de Dieu, c'est son Amour infini qui illumine véritablement et dès cet instant, si vous le voulez, votre situation de souffrance.

Si vous voulez vraiment être heureux, voici comment il faut faire...

Heureux serez-vous si vous êtes humble, c'est le contraire de l'orgueilleux qui a tout ou qui sait tout ou encore qui se donne tous les droits. Heureux les doux, ils obtiendront la terre promise : cela implique le refus de s'imposer, de se rebiffer. Les affligés dont parle l'Évangile sont les croyants qui, dans leurs épreuves, misent leur avenir dans cette promesse divine de réconfort. Jésus est venu pour que nous ayons la vie et que nous l'ayons pleinement, dès maintenant et pour toujours. Il nous a dit qu'il nous avait transmis tout ce qu'il avait entendu de son Père, afin que notre joie soit complète ; mais nous nous contentons souvent d'attendre le bonheur après la mort, dans une sorte d'Ailleurs que nous appelons ciel, alors qu'Il veut que notre bonheur commence dès maintenant.

Les Béatitudes ne sont donc pas un tranquillisant spirituel destiné à nous faire accepter les difficultés de notre vie dans l'attente d'un meilleur "Ailleurs" ! Elles sont un appel et une mission qui nous est confiée à nous qui avons reçu l'Évangile.

Comment réaliser une telle mission à présent ? Simplement en faisant ce que Jésus explique dans son Sermon sur la Montagne après les Béatitudes. Répondez à la violence par la non-violence et aimez-vous les uns et les autres comme Jésus nous a aimés. Lorsque tous les Chrétiens, nous tous, vivrons selon ces principes, et si nous le faisions d'une façon contagieuse, il n'y aurait plus de pauvres, d'affamés et d'affligés. Le Royaume de Dieu sera réalisé. Ce sera la fin du temps, parce que le temps aura rejoint l'éternité et se sera fondu en elle.

La Vie après la vie

Christ est ressuscité ! Alléluia !

Dieu notre Père nous ouvre la vie éternelle par la victoire de son Fils sur la mort. Le CHRIST est vraiment ressuscité ! C'est un fait établi que tous les évangélistes nous ont rapporté. *(Jn 20,1-9 ; Lc 24,1-12 ; Mc 16,1-7 et Mt 28, 1-8)* Le croyons-nous ? Le traitons-nous de vivant ? Au matin de Pâques, le tombeau de Jésus est vide. Qu'en conclure ? On a enlevé son corps penseront Marie Madeleine et tant d'autres après elle. Mais dans ce cas, on aurait emporté le corps avec le suaire et les bandelettes qui l'enveloppaient. Lorsque Jean pénétra dans le tombeau à la suite de Pierre, il vit et il crut : c'est la disposition des linges bien rangés, qui semble avoir été un signe pour le disciple que Jésus aimait. En voyant le linceul affaissé sur lui-même comme si le corps avait été volatilisé et le linge de tête enroulé à sa place, Jean comprit qu'il n'avait pas été possible de sortir manuellement le corps, mais qu'il avait cessé d'exister physiquement à l'intérieur du linceul, toujours à sa place comme lors de l'ensevelissement. Mais ces signes ne dirent rien à Pierre.

Aucun signe n'est capable de donner la foi à personne ; il faut dépasser le "voir" pour croire. Jean est pour tous le modèle de la foi au Christ ressuscité parce qu'il a cru sans voir. Il faut les yeux du cœur pour croire. Il faut les yeux de l'amour pour croire ! C'est à cause de cet amour que Jean courut le plus vite ! C'est à cause de cet amour qu'il crut le premier ! Savons-nous voir et croire comme le disciple bien-aimé ?

La résurrection au jour de Pâques a été pour les apôtres et pour nous source d'une grande espérance. Quand il mourut, ses amis crurent que tout était fini et qu'il n'y aurait plus d'espérance possible. Mais le jour de Pâques, tout changea : Jésus ressuscité devient pour tous source de lumière, de paix et de joie. Cet évènement nous pose des questions sur notre foi. Comment accueillons-nous cette Bonne Nouvelle ? Nous n'avons pas vu Jésus ressuscité ; nous n'avons aucune preuve. Tout ce que nous avons à notre disposition, ce sont des témoignages. Et c'est sur ces témoignages des apôtres que nous avons fondé notre foi. À ce sujet, il est intéressant de revenir sur le cas de l'apôtre Thomas… *(Jn 20, 21-26).*

Beaucoup de croyants se reconnaissent dans les hésitations et les doutes de cet homme. Certains vous diront : "Moi, je suis comme Thomas, je ne crois que ce que je vois". Thomas fait partie de ces gens qui connaissent le doute. Mais si nous y regardions de près, nous découvririons qu'il fut le premier à croire vraiment en Jésus ressuscité car il a été le premier à dire : "Mon Seigneur et mon Dieu" *(Jn 20, 25).* Les autres avaient vu le Seigneur. Mais lui, il alla beaucoup plus loin quand il proclama sa foi. Ce n'était plus seulement l'ami d'avant ; c'est maintenant " Mon Seigneur et mon Dieu."

Le même Seigneur nous rejoint dans nos doutes, nos questionnements, nos protestations, nos colères aussi. Comme Thomas, nous sommes appelés à un acte de foi humble et sincère ; c'est comme une lumière qui inonde notre chemin et qui nous redonne la paix au plus profond de nous-mêmes. Alors comme lui, osons dire : "Mon Seigneur et mon Dieu". C'est ainsi que toute rencontre avec le Seigneur sera une expérience forte. Beaucoup de personnes n'accordent pas foi au témoignage des apôtres et ne croient pas en la résurrection de Jésus. Comme les disciples d'Emmaüs le dirent, le Christ ressuscité, ils ne l'ont pas vu. En réalité ce qui leur manquait, c'est l'amour qui nous fait voir au delà des apparences et qui brûlait le cœur de Jean, venu au tombeau le matin de Pâques. Jésus te cherche et te demande : "Pour toi, qui suis-je ?

Dès le début, l'Église primitive proclama la résurrection de Jésus comme étant un fait historique. Cet extrait de la première lettre que l'apôtre Paul adressa aux Corinthiens l'illustre très bien : *" Si le Christ n'est pas ressuscité, vide alors est notre message, vide aussi votre foi. Il se trouve même que nous sommes des faux témoins de Dieu, puisque nous avons attesté contre Dieu qu'il a ressuscité le Christ, alors qu'il ne l'a pas ressuscité, s'il est vrai que les morts ne ressuscitent pas. "* (1Co 15,14) Les témoignages les plus anciens de la résurrection de Jésus se trouvent dans des formules de profession de foi. *(1Th 1,10 ; Ga 1,1 ; 1 Co 15)*

Après sa résurrection, Jésus se montra à ses apôtres : ainsi eurent-ils la preuve d'avoir affaire ni à un fantôme, ni à un être imaginaire. Dans son récit de cette rencontre, l'évangéliste Luc insista très fortement sur la réalité corporelle de la résurrection du Christ. Jésus était bien ressuscité en son corps comme le prouva les cicatrices de sa passion sur ses mains et ses pieds, et le repas qu'il prit devant ses apôtres. *(Lc 24, 35-48)* La résurrection du Christ n'a pas été une simple immortalité de l'âme. D'où tous ces détails concrets : "touchez-moi… regardez mes mains et mes pieds… donnez-moi à manger… " Il nous faut aller au-delà de la matérialité des mots pour comprendre le sens profond de la résurrection. Ces moyens pédagogiques qu'employa Jésus pour se faire reconnaître ne doivent pourtant pas nous inciter à imaginer ce que peut être un corps ressuscité. Ce qui est important, c'est de reconnaître que tout ce que Moïse, les prophètes et les psaumes ont pressenti des souffrances et de la résurrection du Christ s'est bien accompli *(Lc 24, 44)*. Jésus expliqua à ses apôtres les Écritures en montrant comment elles le concernaient *(Lc 24, 45)*. À la fin de cette rencontre, Jésus fit de ses apôtres ses témoins : à leur tour ils devront aider les gens de tous les horizons à reconnaître Jésus ressuscité et à l'annoncer. *(Lc 24, 48)*. La mission de l'Église commença à la résurrection, dans le dynamisme de Pâques, avec Jésus vivant parmi ses témoins.

> Pourquoi Jésus, après sa résurrection, a-t-il gardé dans son corps glorieux les marques de sa passion ? Les marques de sa passion ne sont plus des traces douloureuses, ni une accusation contre ses bourreaux. Elles sont le signe que l'amour a été plus fort que la haine.

Jésus prouva que son corps ressuscité manifeste tous les aspects de la corporéité ordinaire. Mais en même temps, il les transcende. Il a la faculté d'apparaître dans l'espace et dans le temps, de passer à travers les portes fermées (Jn 20,19) et de s'évanouir à leur vue (Lc 24,31). Il est capable de contrôler la forme extérieure sous laquelle il apparaît à ses disciples. Marie de Magdala le prit pour le jardinier ; Cléophas et son compagnon marchèrent plusieurs heures avec Lui sans le reconnaître. C'est un corps qui inclut et transcende la corporéité telle que nous la connaissons, et qui, à la différence de Lazare ressuscité, ne mourra plus (cf. Jn 12,10)."

Prof. Stuart C. Bate OMI - "La Résurrection du Christ " (Resurrectio tamquam eventus storicus et transcendens),

Posons-nous la question : dans ma vie quel est le tombeau d'où le Christ m'appelle à sortir pour une nouvelle vie ?

C'est souvent du fond de l'échec que jaillit la victoire, au creux de l'angoisse que naît l'espérance. Acceptons de ressusciter avec le CHRIST, c'est à dire de sortir de notre péché pour nous laisser transformer par la force, l'amour et la lumière de Dieu. Acceptons de mettre en Lui notre confiance, de suivre chaque jour le chemin qu'Il nous montre et de vouloir les exigences de l'Évangile. Acceptons de dire OUI à Jésus sans conditions, sans limites. Acceptons de passer d'une existence vide, égoïste, à une existence pleine d'amour pour Dieu et pour les autres. La résurrection est en marche lorsqu'un homme ou une femme sort de son tombeau de haine et de violence, quand il s'arrache à la rancune qui le ronge pour le faire émerger dans la lumière de la paix et de la réconciliation. La résurrection est présente quand un homme ou une femme se libère du tombeau de son péché et accueille dans sa vie la joie du pardon de Dieu. La résurrection du Christ est semée quand un homme ou une femme abandonne le tombeau de son échec, de ses déceptions paralysantes qui l'empêchent encore de croire à la vie, au bonheur, à l'amour et à lui-même tout simplement.

Après la résurrection les hommes seront immortels, semblables aux anges

Les Sadducéens, s'appuyant sur certains textes très anciens du Pentateuque et oubliant le développement futur de la révélation biblique, ne croyaient pas à la résurrection des morts. Un groupe de Sadducéens tenta de mettre Jésus dans l'embarras en faisant à la doctrine de la vie future une objection qu'ils tirèrent de l'institution mosaïque du lévirat : sept frères épousent successivement la même femme ; à la résurrection, cette femme, de qui sera-t-elle l'épouse ?

Cette objection des Sadducéens procédait à la fois d'une conception matérielle de la résurrection et d'un manque de foi en la puissance de Dieu. Beaucoup de personnes ne croient pas à la résurrection des corps à la fin des temps. Plus de quarante pour cent de personnes croient qu'il n'y a rien du tout après la mort ! Cependant, depuis les débuts de l'humanité, l'homme a plus ou moins cru à une certaine survie après la mort. Dans les tombes préhistoriques, on a souvent découvert des restes d'aliments et des objets déposés auprès des morts pour les aider à survivre lors du grand voyage. Jusqu'au deuxième siècle avant Jésus Christ, les juifs croyaient que leurs morts descendaient au Shéol, séjour des morts situé sous la terre : un lieu sombre, pays de l'oubli dont personne ne remonte. Pour beaucoup de chrétiens, l'au-delà, c'est le lieu où l'on reçoit une récompense méritée, le lieu où l'on va pouvoir se rattraper des manques terrestres ! Après la résurrection les hommes seront immortels, semblables aux anges, fils de Dieu.

Dans sa liturgie, l'Église s'unit aux anges pour adorer Dieu ; elle invoque leur assistance et elle fête plus particulièrement certains anges (Saints Michel, Gabriel, Raphaël et les anges gardiens).

De notre naissance à notre mort, nous sommes entourés de leur garde et de leur intercession : chaque fidèle a à ses côtés un ange comme protecteur et pasteur pour le conduire à la Vie.

Source : catéchisme de l'Église catholique, article 336

Le pape Benoît XVI a expliqué la mission spéciale des anges en citant la Lettre aux Hébreux : " *Les anges sont envoyés par Dieu pour servir ceux qui hériteront le salut"* (He 1,14) C'est pour cela, ajoutait le pape, qu'ils nous sont d'une aide valide dans notre pèlerinage terrestre vers la Patrie céleste.

Les anges ont une mission particulière dans le plan du salut de Dieu. Il y a entre les anges et les hommes un rapport de parenté spirituelle. Ambroise de Milan (339-397) *et Origène (185-253) croyaient aux anges gardiens et admettaient aussi l'existence d'un ange gardien pour chaque personne* (Pt. 38,8). *Ils appartiennent à la cité de Dieu* (domicilii caeslestis habitaculun – Ep 76, 12)

Quant au fait même de la résurrection, il est attesté par Moïse, qui nomme Dieu le Dieu d'Abraham, d'Isaac et de Jacob. Dieu n'est pas le Dieu des morts, mais des vivants. Dans sa première lettre aux Corinthiens au chapitre quinze, Paul invite à réfléchir à la question "Avec quel corps ressusciterons-nous ? " Voilà bien la question que nous nous posons souvent. Nous voudrions imaginer, connaître ce que nous serons alors.

Comment les morts ressuscitent-ils ? Avec quelle sorte de corps reviennent-ils ? Paul éclaire ce mystère de la vie après la mort grâce à des comparaisons. La résurrection vient de l'intérieur, c'est comme une transfiguration et chacun aura le corps qu'il mérite, le corps qui exprime le mieux ce qu'il est devenu et ce qu'il est en Dieu. Aucun raisonnement ne peut prouver la foi : seule l'expérience du travail de l'Esprit Saint qui dès à présent nous transfigure peut progressivement nous donner une certitude de l'endroit où nous allons.

L'Agneau sera leur pasteur pour les conduire vers les eaux de la source de vie.

La vie éternelle rassemblera l'immense cortège de tous les peuples, de toutes races, de toutes les cultures. Dans cette vision, Jean contempla une foule innombrable de toute nation qui se tenait devant le trône et devant l'Agneau, avec des robes blanches et des palmes, et chantait les louanges de Dieu et de l'Agneau. *(Ap 7, 9-17)*. Il y vit des anges, des anciens et des êtres vivants autour du trône célébrant la gloire de Dieu.

Un des anciens s'adressant à Jean lui demanda s'il savait qui étaient ces gens qu'il voyait vêtus de robes blanches. Sur sa réponse négative, il lui déclara que ce sont les rachetés de Christ, qui reviennent de la grande tribulation ; c'est pourquoi ils sont maintenant dans une communion permanente avec Dieu, à l'abri de toute souffrance, recevant du Christ la vie dans sa plénitude, consolés par Dieu de toutes leurs douleurs. Cette vision nous transporte dans le ciel, à la fin des temps, et nous fait voir l'Église triomphante, qui est une grande multitude de toutes les nations. La vue de cette multitude renferme pour toutes les personnes qui luttent et souffrent un double encouragement. C'est d'abord la pensée que ces rachetés forment une foule que personne ne peut compter. Le nombre des disciples de Jésus, à chaque époque, paraît bien faible et insignifiant ; réunis dans le ciel, de tous les temps et de tous les lieux ils formeront une multitude innombrable. Le ciel, c'est le triomphe de Jésus ressuscité, à travers toutes les personnes qui ont su faire preuve, dans leur vie, d'amour, de foi et de fidélité à leur baptême où Jésus, l'Agneau de Dieu qui enlève les péchés du monde, les a lavées de son sang. C'est donc un immense cortège de tous les peuples, de toutes races, de toutes les cultures, qui connaît désormais le bonheur de l'intimité avec Dieu, que Jean, le disciple que Jésus aimait, évoqua avec des images très parlantes pour un peuple de nomades : habiter sous la même tente, ne plus avoir faim, ne plus avoir soif, ne plus être accablé par la brûlure du soleil puisque l'Agneau *(Jésus)* qui se tient au milieu du trône sera leur pasteur pour les conduire vers les eaux de la source de vie. Et Dieu essuiera toute larme de leurs yeux.

> **Tu peux prolonger la victoire du Christ ressuscité en étant fidèlement attaché à sa personne et en vivant selon son enseignement.**

Dieu aime tous les hommes et sait les sauver, même lorsqu'ils ne le connaissent pas. Tout au long de l'histoire des hommes, Dieu appelle des personnes qu'il a choisies. En faisant un pacte avec ces personnes, il leur donne l'occasion de se montrer fidèles. Elles connaîtront Dieu comme une personne vivante et le traiteront comme tel. Lorsque Dieu commença son œuvre de salut dans notre histoire, il voulut qu'un homme au moins partage son secret et connaisse ses projets. Il porta son choix sur Abraham. Abraham eut foi dans le Seigneur et le Seigneur estima qu'il était juste. (Gn 15,6) Attentif à cette Parole du Seigneur, les craintes d'Abraham se dissipèrent et il saisit la promesse avec une foi entière. Cet acte de foi, par lequel il s'abandonna complètement entre les mains de Dieu, a été estimé par Dieu à la valeur d'une vie d'obéissance parfaite. C'est le moment décisif où Abraham entra vis-à-vis de Dieu dans la position d'un juste, d'un homme sans péché. Cette foi d'Abraham et son obéissance eurent plus de valeur pour Dieu que bien des pratiques religieuses.

Je crois à la Vie après la vie

Voici la question fondamentale de l'humanité : Que deviendrons-nous après la mort ? Où irons-nous ? Quel est le sens, le but final de notre vie ? Qu'y a-t-il après la mort ? Le bonheur a-t-il un avenir ? Personne ne peut vivre sans se donner des projets. Beaucoup de personnes se contentent d'objectifs à court terme : gagner de l'argent, élever une famille, progresser dans une profession ou une carrière... Mais un jour ou l'autre, nous serons acculés à nous poser la question : "Où irons-nous ? Vers quelle fin ultime nous dirigerons-nous ?

Jean, dans son livre de l'Apocalypse affirme que le ciel existe et que les morts sont vivants. Ils sont heureux, je les ai vus ; c'était une foule immense criant leur joie : ils chantaient les louanges de Dieu. Soyons dans l'allégresse car le Royaume des cieux existe. Si nous donnons la priorité absolue à Dieu dans notre vie, et si à cause de Lui et de l'Évangile, nous sommes prêts à renoncer à tout ce qui accapare notre vie, nous trouverons le vrai bonheur. N'est-ce pas là pour nous un grand sujet d'espérance ? La fin des temps ne sera pas pour l'univers une destruction, mais une transformation, comme si un brouillard se déchirait qui cachait jusqu'à présent à nos yeux le vrai monde. Alors apparaîtra l'humanité transfigurée : toute misère, toute laideur, tout péché s'en seront allés. L'amour de Dieu pour nous et celui dont nous auront essayé de vivre, à la suite de Jésus, auront triomphé. Nous découvrirons alors que la vraie demeure de Dieu, celle qui a toujours été la sienne, ce sont les personnes dont Jésus s'est fait le frère, lui l'Emmanuel, c'est à dire, Dieu avec nous. Lorsque nous ressusciterons, nous ne serons pas un pur esprit. Nous possèderons un corps glorifié, organe de notre esprit. *(1Co 15, 35 – 44)*

Le premier novembre, l'Église célèbre la fête de tous les saints et saintes qui vivant près de Dieu, intercèdent pour nous. Les saints sont des hommes, des femmes et même des enfants, qui nous ont précédés dans la vie, avec les mêmes difficultés, les mêmes épreuves, les mêmes joies. La sainteté n'est pas réservée à une élite ; vous comme moi, nous sommes appelés à être saint !
Le pape Pie XII reconnaissait qu'un jeune pouvait être proclamé saint par l'Église, sans avoir connu ni le martyre, ni la souffrance de la persécution, mais en ayant vécu la vie simple d'un jeune élève, porté par le désir de réussir sa vie - Dominique Savio *(2 avril 1842 – 9 mars 1857)* en quinze années de vie, ce jeune garçon qui fut élève chez Don Bosco à l'Oratoire du Valdocco, réussit à devenir saint. Il a été canonisé par le pape Pie XII, le 12 juin 1954.

En union avec le Christ, les saints ont triomphé de la mort parce qu'ils ont triomphé du péché. Les saints et les saintes sont des exemples qui ont vécu de ce qui est possible pour chacun d'entre nous. La fête de la Toussaint souligne que s'il y a les saints et bienheureux inscrits dans le calendrier de l'Église et officiellement reconnus comme tels dans une cérémonie solennelle à Rome, il y a aussi la foule des saints inconnus dont nos parents et grands-parents font peut-être partie. Cette foule est composée de ces gens qui, humblement et jour après jour, ont mis leur foi et leur espérance en Dieu. Ils ont essayé du mieux qu'ils ont pu de vivre selon les enseignements de l'Évangile et, quand ils tombaient, ils se relevaient et reprenaient leur route vers le ciel. Là aussi il y a pour nous un grand sujet d'espérance. Ce message d'espérance, l'apôtre l'écrivait pour des chrétiens persécutés ; beaucoup d'entre eux venaient d'être mis à mort à cause de leur foi au Christ, en particulier les apôtres Pierre et Paul.

Jésus est ressuscité. Il est vivant. Il vient bousculer les communautés chrétiennes pour qu'elles ne s'endorment pas. Il est là présent au cœur de nos vies et de nos épreuves. Tous ces morts que nous pensions disparus, emportés par la tourmente, sont avec Jésus dans le bonheur de son Royaume ; ils ont obtenu la récompense définitive de leur amour et de leur fidélité. Ce message d'espérance est important pour notre époque troublée et bouleversée. Il nous rejoint les uns et les autres dans la situation qui est la nôtre. Accueillons ce message comme un appel à réveiller notre foi. Oui, nous sommes enfants de Dieu ; mais ce que nous serons quand il reviendra ne paraît pas encore clairement. Mais à ce moment-là, nous le verrons tel qu'il est.

Voilà une bonne nouvelle qui doit ranimer notre espérance. Oui, mais comment croire cela quand on est meurtri par la vie, la solitude, les injustices, la violence ? Pensons à tous ceux et celles qui se sentent exclus, méprisés. Personne ne les aime parce qu'ils sont différents, parce qu'ils sont étrangers, parce qu'ils ont fait de la prison ou encore parce qu'ils ont une vie pas très belle. Mais le Seigneur leur dit et nous dit qu'il n'y a jamais de situation désespérée. Il nous aime tels que nous sommes. Chacun de nous est précieux à ses yeux. Quelle que soit notre situation, il est toujours proche de nous pour nous relever et nous redonner force et espérance. Même si nous sommes tombés très bas, Jésus nous dit que Dieu est le Père du fils prodigue. Si nous voulons suivre Jésus sur le chemin qu'il nous montre, il faut être entièrement disponible, il faut se désencombrer, il faut retrouver la pauvreté du cœur.

Marie, la Reine de tous les saints est toujours là pour nous ramener inlassablement dans le sillage du Christ. En union avec cette foule immense des saints du Ciel, en union avec tous les chrétiens du monde entier, nous chantons notre action de grâce au Seigneur. Demandons-Lui de nous aider à suivre leur exemple et leur fidélité. Si le Christ nous appelle, c'est pour rejoindre la foule immense de ceux et de celles qui nous ont précédés dans son Royaume. C'est dans cette espérance que nous les prions. Demandons-Lui qu'il nous donne force et courage pour faire de notre vie une marche vers lui, vers ce Royaume qu'il a préparé pour tous ceux qui acceptent de le suivre. Oui, Jésus a préparé une place pour chaque personne, une place près du Père, où pour y aller, il faut aimer. Jésus nous parle souvent de son Père. Il nous enseigne que son Père, qui est également le nôtre, est au ciel. *(Mt 23,9)* Il l'a comparé à un Père aimable qui sait donner de bonnes choses à ses enfants. Puis, il nous informe que dans la maison de son Père il y a beaucoup de demeures. "Il y a beaucoup de demeures" signifie qu'il y a une place pour nous. Ces demeures ne sont pas des propriétés où les élus s'enfermeront, mais c'est là que Dieu se donne totalement. Puisque nous savons par cet enseignement de Jésus quel est le but de notre vie, nous devons nous préparer à cette union définitive à Dieu et pour nous aider dans notre cheminement, Jésus nous dit clairement qu'il est le chemin, la vérité et la Vie. Pour les croyants, ces personnes qui acceptent les paroles de Jésus, l'histoire a un sens, la vie a un sens, un but final. Sans le Christ, toute personne est enfermée dans ses limites. Avec Jésus, et avec lui seulement, il existe un chemin conduisant vers la maison du Père. Suivre Jésus, c'est découvrir l'amour de Dieu pour chaque personne. Jésus nous montre comment devenir enfant du Père, comment aimer Dieu et notre prochain, comment pardonner. Suivre Jésus, c'est compter sur la force de l'Esprit Saint. En marchant à la suite de Jésus, nous allons vers le Père. C'est Lui le terme du voyage, c'est Lui le but final de notre vie. Il nous a préparé une place d'éternité dans son cœur. Au terme de notre vie, ce ne sera pas le néant absurde, comme le pensent les athées, c'est Quelqu'un qui m'attend, qui me désire d'amour et qui m'ouvre ses bras pour m'introduire dans sa maison paternelle. Notre vie a un sens.

Je crois en la résurrection de la chair.

Je crois en la résurrection de la chair. Voilà une phrase que nous récitons machinalement chaque dimanche, machinalement, dans un rassemblement parfait d'ailleurs, sans tiquer un instant ; même si nous sommes devant la disparition d'un être cher, la perspective de sa résurrection un jour ne va plus tellement de soi ! Et les questions alors affluent à notre esprit : "Où sont réellement nos défunts ? Nous voient-ils ? Ressusciteront-ils vraiment ? Avec quel corps ? Avec leurs infirmités ? Les reverrons-nous tels que nous les avons connus ? Auront-ils un corps de vieillard, ou un corps aussi jeune que celui de Marie qui a fait l'admiration des voyants de Beauraing, de Lourdes, de Fatima où d'ailleurs ?" Luc dans son évangile nota qu'un jour quelques saducéens tentèrent de mettre Jésus dans l'embarras en faisant à la doctrine de la vie future une objection qu'ils tirèrent de l'institution mosaïque du lévirat. "Maître puisque tu crois à la résurrection des morts, comment cela se passera-t-il concrètement ?

Nous pourrions leur dire merci, puisqu'ils ont obtenu de Jésus des éclaircissements majeurs nous permettant de patienter en attendant, au jour de notre mort, la pleine révélation des splendeurs du monde à venir. À la question que les Saducéens posèrent à Jésus pour ridiculiser la foi en la résurrection, Jésus donna une réponse établissant un contraste total entre notre monde et le monde à venir qui pour lui ne fait aucun doute et il affirma avec netteté que, seul, y entreront ceux et celles qui seront jugés dignes de l'obtenir. Voilà donc une première vérité, extrêmement claire : on n'entre pas dans la vie éternelle comme ça, en rigolant... il faut en être jugé digne ! On n'y entre pas avec désinvolture : il y a une sorte d'examen d'entrée. L'épreuve pour entrer dans le monde à venir ne peut porter que sur notre façon de vivre. Nous voilà, déjà, avertis de quelque chose d'essentiel ! Pour avoir part au monde à venir, nous devons en être jugés dignes.

Le ciel est une vie de famille auprès de Dieu : *"Ils sont fils de Dieu, héritiers de la résurrection"* Telle est la deuxième révélation de Jésus sur nos défunts : ils sont introduits dans l'intimité du Père. *"Ils sont semblables aux anges"*. Comprenons bien cette troisième affirmation de Jésus : la vie dans l'au-delà n'est pas sur le modèle de la nôtre. En disant que nous serons comme des anges, il veut faire saisir que c'est une vie impossible à imaginer ; c'est une manière de dire que nous comprendrons la vie nouvelle que lorsque nous serons dedans. Dans ce contexte, il m'apparaît essentiel de m'attacher à sa promesse de base : nous sommes invités à être, près de Lui, dans la joie et la paix. Mettons-nous sans cesse à l'écoute du Christ et donnons-lui notre confiance, pour croire en la résurrection. La foi en la résurrection, c'est la foi en Dieu lui-même.

Réfléchis donc ! Quand tu sèmes une graine, elle ne peut pas donner vie sans mourir d'abord ; et tu ne sèmes pas le corps de la plante qui va pousser, tu sèmes une graine toute nue : du blé ou autre chose. Il en sera de même quand les morts ressusciteront. Ce qui est semé dans la terre est périssable, ce qui ressuscite est impérissable ; ce qui est semé n'a plus de valeur, ce qui ressuscite est plein de gloire ; ce qui est semé est faible, ce qui ressuscite est puissant ; ce qui est semé est un corps humain, ce qui ressuscite est un corps spirituel ; puisqu'il existe un corps humain, il existe aussi un corps spirituel. Le premier Adam était un être humain qui avait reçu la vie ; le dernier Adam, le Christ, est devenu l'être spirituel qui donne la vie. Ce qui est apparu d'abord, ce n'est pas l'être spirituel, c'est l'être humain, et ensuite seulement, le spirituel. Pétri de terre, le premier homme vient de la terre ; le deuxième homme, lui, vient du ciel. Puisque Adam est pétri de terre, comme lui les hommes appartiennent à la terre ; puisque le Christ est venu du ciel, comme lui les hommes appartiennent au ciel. Et de même que nous sommes à l'image de celui qui est pétri de terre, de même nous serons à l'image de celui qui vient du ciel. La résurrection vient de l'intérieur, c'est comme une transfiguration et chacun aura le corps qu'il mérite, le corps qui exprime le mieux ce qu'il est devenu et ce qu'il est en Dieu. Aucun raisonnement ne peut prouver la foi : seule l'expérience du travail de l'Esprit Saint qui dès à présent nous transfigure, peut progressivement nous donner une certitude de où nous allons.

Investissons pour l'éternité

Un jour que Jésus était entouré de ses disciples, d'un groupe de pharisiens dont il venait de confondre les murmures et de péagers qui s'étaient approchés de lui pour l'entendre leur adressa un enseignement nouveau sur l'emploi des biens de la terre. C'est au moyen de deux petites histoires qu'il dispensa son enseignement. Un homme riche avait un gérant qui lui fut dénoncé parce qu'il gaspillait ses biens. Il le convoqua, exigea qu'il lui rende des comptes et décida de lui retirer la gestion de ses affaires. Le temps presse, il doit rendre des comptes. Quelle situation désespérée pour ce gérant malhonnête, qui ne vit pas comment se convertir à un autre métier. Le gérant, renvoyé sans indemnités, examina alors les divers partis qu'il lui restait à prendre, et reconnut que le meilleur serait de s'assurer des amis qui le recevraient dans leurs maisons. Il fit venir les débiteurs de son maître et leur demanda d'écrire de nouveaux billets, sur lesquels leurs dettes furent réduites dans des proportions diverses.

Alors, sans hésitation, il agit avec audace et rapidité. Bravo, s'écria Jésus, pour cet esprit de décision ! ... Mais ce gérant venait de voler son maître ! ... Remarquons que Jésus n'a pas dit bravo pour l'escroquerie, mais bravo pour l'esprit de décision. Nous-mêmes, nous sommes-nous décidés aussi rapidement pour saisir la grâce de la conversion qui nous est offerte ? Pour nous aussi le temps presse, bientôt il sera trop tard ! Voici un exemple concret de conversion à faire : cet argent dont nous risquons toujours d'en faire un si mauvais emploi, qu'attendons-nous pour nous en dépouiller au service des pauvres ? Nous hésitons ? L'argent n'est qu'un exemple des biens que Dieu nous confie à gérer. Sur quel point particulier avons-nous à nous convertir à ce propos ? Pour un jeune, s'atteler sérieusement à ses études, à son apprentissage, répondre à l'appel du Seigneur, renoncer à cette habitude, à ce flirt, se mettre à prier avec foi, sortir de son égoïsme... Pour un adulte : réparer cette injustice commise, croire que l'amour est possible dans son foyer, pardonner, oublier cette rancune tenace envers telle ou telle personne, aller se confesser pour changer de vie, accepter cette responsabilité qu'on lui propose... Tout ce que nous avons à gérer : nos biens, nos qualités, nos richesses spirituelles, intellectuelles, morales, nos facultés affectives... De tout cela, il nous en sera demandé des comptes. Nous n'avons pas le droit de gaspiller les dons que Dieu nous a confiés...

" Faites-vous des amis avec l'argent trompeur, afin que le jour où il ne sera plus là, ces amis vous accueillent dans les demeures éternelles." (Lc 16, 9)

Se faire des amis ! Développer l'amitié ! Voilà la raison de l'éloge de Jésus. Dans cette formule au cœur du récit, Jésus nous en livre la leçon essentielle : le bon emploi des richesses, c'est de faire de l'amitié, de l'amour dans les relations. Voilà la conception de Jésus, vraiment révolutionnaire, sur l'argent : en faire un instrument de partage et d'amitié ! L'argent n'est pas mauvais en soi. Il peut fabriquer de la joie pour les autres...et pour celui ou celle qui a contribué à cette joie en donnant. L'argent, qui peut servir si utilement à se faire des amis, peut aussi être une puissance maléfique. L'argent est trompeur. Au lieu de servir, il peut asservir. Quand il s'empare d'un être humain, il devient son maître et son dieu ; il provoque en lui de terribles dégâts, à l'instar d'une drogue. Le cœur devient dur, impitoyable, insensible à toute morale. L'argent peut conduire à un enfermement intérieur : il pousse alors aux pires injustices et malhonnêtetés. Pour et au nom du dieu argent, que de désordres meurtriers dans le monde : guerres, drogues, prostitution, exploitations. Cet argent là est capable de tout détruire : couples, familles, relations...

> **Pour Jésus, il n'y a aucun compromis possible !**
> **On ne peut pas servir à la fois Dieu et l'Argent**

Investissons pour l'éternité. C'est le sommet du récit *(Lc 16, 1-13)* L'Évangile nous invite à faire un bon placement de nos avoirs. Les banques nous proposent de souscrire un plan d'épargne en actions ; le Seigneur, lui, nous propose d'investir dans les plans en bonnes actions. Usons de générosité envers les gens qui sont dans le besoin, en bons gérants du bien de Dieu. Alors la richesse, qui, si souvent, détourne ou éloigne de Dieu, deviendra chemin vers Dieu et source de bonheur partagé, jusque dans les demeures éternelles.

Plus un être est déficient, abîmé, malade, défiguré..., plus Dieu l'aime. Plus un être pourrait mériter le mépris et plus il a besoin d'être aimé d'un amour gratuit. Le vrai Dieu, celui que Jésus a révélé, est le Dieu des paumés, des rejetés, des condamnés, des marginaux, des non-aimés. Mépriser ! Comment Dieu pourrait-il mépriser une seule de ses créatures ? Dieu ne fait pas de différence entre les hommes. Il ne défavorise pas le pauvre. Il écoute la prière de l'opprimé, il ne méprise pas la supplication de l'orphelin, ni la plainte répétée de la veuve. *(Si 35, 16-17)* C'est une certitude : le cri du malheureux est toujours entendu de Dieu. Dieu exauce et accueille celui qui le sert de tout son cœur. L'amour le plus pur, le plus gratuit va vers l'être qui en a le plus besoin et qui, à la limite, ne peut pas rendre l'amour. Dieu, en tout cas, est ainsi. Amour sans calcul et sans retour. Amour absolu. Devant Dieu, nous sommes tous au même point : pécheurs, incapables de nous sauver seuls, nous avons besoin de nous en remettre à l'amour du Christ.

Notre foi, notre charité, nos efforts sont-ils pour nous des motifs d'orgueil ? Sommes-nous contents de nous, au lieu d'être contents de Dieu ? Seigneur, je ne suis pas digne de te recevoir, mais dis seulement une parole et je serai guéri. Nous arrive-t-il de croire que nous n'en sommes vraiment pas dignes et de croire que Jésus seul nous sauve par une parole de pardon ? Le Seigneur entend ceux qui l'appellent. Il est proche des cœurs brisés. Apprenons à relever la tête. Partageons avec les personnes que nous rencontrerons cette certitude d'être tous écoutés et aimés de Dieu, attentif à toutes nos supplications.

Dieu seul peut justifier, rendre juste. Il suffit pour cela que nous nous reconnaissions pécheurs. Il suffit surtout que nous croyions que la miséricorde de Dieu est sans commune mesure avec notre misère. La porte du ciel est à la fois une porte étroite et une porte grande ouverte. C'est en aidant les autres à se sauver que nous nous sauverons nous-mêmes. Jésus veut ardemment que tous connaissent son salut ; il est prêt à ouvrir toute grande la porte du ciel, la porte de son cœur brûlant d'amour infini.

Jésus s'est présenté comme étant le chemin à suivre pour pouvoir entrer dans le Royaume des cieux. Nous savons combien d'énergie dépensée et d'efforts sont nécessaires pour mener à bien la construction d'une route. Nous savons aussi que pour notre sécurité, les routes doivent être régulièrement entretenues, réparées ou rénovées. Préparer le chemin du Seigneur et aplanir sa route est une opération bien plus importante encore car elle nous concerne directement. Préparez le chemin du Seigneur, ce cri a retenti trois fois dans l'histoire du Salut. La première fois, c'était avec Isaïe pour la libération du peuple d'Israël qui a été déporté à Babylone. La deuxième fois, avec Jean- Baptiste qui annonçait la venue du Seigneur dans l'histoire de l'homme.. La troisième fois, c'est à nous que l'Eglise adresse cette invitation.

Préparons, là où nous vivons, le chemin du Seigneur pour qu'il vienne dans nos cœurs et dans le cœur de tous les hommes. Ouvrons bien grandes nos oreilles et surtout notre cœur pour accueillir la Parole de Dieu car son message s'adresse à tous les hommes, toutes les femmes, tous les jeunes pour les sauver tous !
Aujourd'hui encore, bien des obstacles s'opposent dans notre vie à l'accueil de l'Évangile : les rugosités de notre caractère, les déviations de notre foi, les fossés d'incompréhension entre nous, nos préjugés, notre indifférence aux autres, notre manque de générosité, la faiblesse de notre charité, notre façon de vivre trop axée sur

les biens matériels et l'argent. Préparez le chemin du Seigneur, cette parole est pour nous une exhortation à un véritable renouvellement de vie. Laissons-nous toucher par cet appel de Jean-Baptiste pour nous remettre en question, redresser nos mauvais penchants et pour changer de cap. Choisissons la bonne voie ! Que de trous, de ravins ou même d'abîmes à combler en nous ! Facilitons-lui la tâche : traçons bien droit le chemin par lequel le Seigneur viendra dans notre cœur. Si nous n'avons encore rien entrepris de tout cela, il serait urgent de nous demander : voulons-nous vraiment que le Christ vienne en nous ? Le désirons-nous de tout notre cœur ? Voici que je me tiens à la porte et je frappe. Si tu entends ma voix et ouvres ta porte, j'entrerai chez toi pour souper comme avec un ami, moi près de toi et toi près de moi. *(Ap 3, 20)* Lui ouvrirons-nous alors la porte ?

Annexes

Diacres et diaconat

Le mot diacre du grec diakonos, serviteur est employé à peu près cent fois dans le Nouveau Testament dans deux sens différents : *ministère/ministre* ou bien *service/serviteur (John N. Collins, Diakonia, Oxford University Press, 1990, page 3)*. Pendant les premières années de vie de l'Église, on s'aperçoit que le diaconat se dégage en tant qu'office bien défini. Saint Paul dans l'épître aux Philippiens, écrite vers l'an 57, fait allusion aux diacres en tant qu'ordre de l'Église *(Ph. 1,11)*. En outre, il parle d'eux en détail dans la première épître à Timothée *(1 Tm. 3,8-10 ; 12-13)*

Dans l'Église primitive, l'entraide fraternelle et la solidarité matérielle entre les chrétiens avaient une grande importance. Le vocabulaire du service, de la diaconie est fréquent dans les Actes des apôtres et les écrits de Paul. La première lettre de Paul à Timothée, évoque les vertus domestiques et personnelles des diacres. *(1Tim 3, 8-13)*. Quand à la Parole, elle fait toujours partie de leur ministère : le diacre est le ministre de la Parole par excellence. Le diacre est ordonné non au sacerdoce mais au service de l'évêque. Toute l'Église doit discerner les signes des temps, entendre les appels des hommes et des femmes de notre époque, et en particulier des pauvres, et cerner les urgences auxquelles l'Église doit faire face pour y répondre. Mais c'est le rôle des diacres de l'aider dans cette tâche.

La fonction de diacre (diaconat) fut établie très tôt dans l'Église primitive, peu de temps après l'évènement de la Pentecôte. Saint Étienne fut le premier diacre. Dans les Actes des Apôtres, Saint Luc dit que les Apôtres imposèrent leurs mains sur sept hommes de bonne réputation, remplis de l'Esprit et de sagesse pour qu'ils s'unissent à des veuves de langue grecque. Ils étaient eux aussi de langue grecque et dégagèrent les apôtres des préoccupations temporelles pour qu'ils puissent se consacrer à la prière et à la prédication *(Ac. 6,3)*. Tout comme Saint Étienne, le premier martyr qui prêcha auprès du sanhédrin, et Saint Philippe qui catéchisa l'eunuque d'Ethiopie, dès le début les diacres se consacrèrent uniquement au service de la Sainte Table. L'Ordre sacré consacre le diacre au ministère du Christ serviteur.

Le diacre reçoit le sacrement de l'Ordre pour servir en tant que ministre à la sanctification de la communauté chrétienne, en communion hiérarchique avec l'évêque et les prêtres. Le diacre prête au ministère de l'Évêque, et dans une moindre mesure, au ministère des prêtres une aide sacramentelle et, pour autant, intrinsèque, systématique et irremplaçable. Il est évident que son service auprès de l'autel trouvant son origine dans le sacrement de l'ordre diffère en substance de tout ministère liturgique que les pasteurs puissent confier aux fidèles n'ayant pas reçu l'ordination. Le ministère liturgique du diacre est tout aussi différent même du ministère de l'ordination sacerdotale (Directorium, N. 28 ; *Lumen gentium*, 29).

Le diacre n'est pas un prêtre, son ministère consiste dans le service. Saint Ignace d'Antioche écrivit (en l'an 105 après J.C. environ) : *" Diacres des mystères de Jésus Christ... vous n'êtes pas de ministres de banquets ni de boissons, mais des serviteurs de l'Église de Dieu (Ad Trall. III,1). Et il ajouta que l'évêque occupe dans l'Église la place du Père Éternel et que le diacre mérite le même respect que Jésus Christ "*, en raison du service qu'il prête en faveur de l'Église. L'institution du diaconat, n'est mentionnée que dans les "Actes des apôtres" au chapitre six : c'est à Jérusalem que les douze instituèrent sept diacres. En ce qui concerne le diacre dans sa fonction, on en parle que dans deux lettres de l'apôtre Paul : l'épître aux chrétiens de la ville de Philippes *(Ph 1, 1)* et dans la première lettre à Timothée. Ce sont les besoins de la mission d'aujourd'hui qui ont justifié la décision de retrouver un ministère disparu *(le diaconat)*. Les deux textes fondateurs *(Lumen Gentium 29 et Ad Gentes 16)*, votés respectivement en 21 novembre 1964 et 1965, en énumèrent quelques facettes : les nécessités de la prédication, l'animation de communautés chrétiennes et l'exercice de la charité dans les œuvres sociales et caritatives… Ces deux textes affirment la sacramentalité de ce ministère et ce point est essentiel : le ministère du diacre est au service de l'Évangile et de la croissance de l'unique corps du Christ. Les tâches diaconales mentionnées dans les textes conciliaires sont diverses. Elles semblent insister davantage sur la liturgie et les sacrements que sur les autres éléments. Le rapport du ministère diaconal aux autres ministères ordonnés est essentiel. Il a rapport à l'Église et au corps du Christ.

La disponibilité que requiert leur mission est de nature à conduire celui qui l'accepte jusqu'au **don d'une vie** *dans sa totalité. Ce qu'a fait Jésus accomplit le dessein de Dieu. Ce en quoi sa Mère l'a imité ouvre les voies à tous ceux qui, à l'heure où le Père les y invitera, auront eux mêmes à prendre des décisions plus radicales. Marie ne fournit pas de recette, ni de modèle prêt à porter. Elle communique* **un esprit**, *dont toutes ses paroles et attitudes témoignent. Si nous sommes appelés au service, c'est en servant dans cet esprit-là que nous profiterons de son exemple*
Daniel JOUFFE, délégué diocésain au Diaconat permanent *Saint-Brieuc*

La réception de ce ministère est variée selon les pays. Mais en fait, c'est le service des paroisses, l'assistance aux prêtres qui occupent majoritairement les diacres permanents. Le ministère diaconal est un triple service polarisé par la Parole de Dieu, la liturgie et la charité. Le diacre est dans l'Église, une icône vivante du Christ Serviteur, dit la commission Théologique internationale. Le diacre est d'abord le diacre du Christ. En théologie des sacrements, on dira que le lien à l'évêque est instrumental par rapport à la relation directe entre le diacre et le Christ.

Diacres permanents

L'ordination d'un diacre permanent est l'aboutissement d'un long cheminement, marqué par divers engagements dans l'Église et une formation pendant quatre ans. Elle est aussi le fruit d'une décision mûrie en famille. Car même si c'est l'homme qui est ordonné, l'épouse doit donner son accord. Ni sous prêtres, ni super laïcs, ils sont souvent méconnus du grand public. Mais et c'est heureux, les diacres trouvent petit à petit leur place dans l'Église. Leur mission peut se résumer en un mot : servir. Rattachés directement à l'Évêque, ils sont insérés dans une paroisse ou dans un doyenné. Outre la présence à l'autel lors des offices, ils sont appelés a exercer un service dans la société auprès des malades, des pauvres, des jeunes par exemple. Traits d'union entre le monde et l'Église, issus de milieux sociaux et professionnels très divers, les diacres sont les signes d'un nouveau mode de présence de l'Église dans la société.

Le diaconat permanent est une fonction à la fois ancienne et nouvelle apparue dès les premières communautés chrétiennes. Avant Vatican II, le diaconat, réduit à une fonction liturgique, tomba peu à peu en désuétude. Il n'était plus qu'une étape avant l'ordination sacerdotale. Il fallut attendre 1964 et le concile Vatican II pour voir le diaconat restauré comme un état permanent dans l'Église avec son identité propre.

L'ordination des premiers diacres permanents en Belgique eut lieu en 1970 et leur nombre est en progression constante. Les diacres permanents ont un double enracinement : l'Église et le monde *(plus de 2000 en France)*. Lors de la cérémonie de l'ordination, le candidat diacre reçoit le sacrement de l'Ordre, au même titre que le prêtre et l'évêque. Par conséquent, le diacre est membre du clergé. Mais le diacre est aussi dans la société civile : la plupart sont mariés et ont une activité professionnelle. Parfois difficile à appréhender pour le public. Ce double enracinement est au cœur de l'identité du diacre et constitue la spécificité de ce ministère. Le diacre est comme un pont, un trait d'union entre l'Église et la société, manifestant la proximité de l'Église auprès des hommes d'aujourd'hui, en particulier de ceux qui sont blessés par la vie. Cette ouverture au monde est renforcée par le fait que les diacres sont issus de différents milieux sociaux et engagés dans une grande variété de milieux professionnels.

Le diacre est le ministre de la Parole par excellence. Le diacre est ordonné non au sacerdoce mais au service de l'évêque. Toute l'Église doit discerner les signes des temps, entendre les appels des hommes et des femmes de notre époque, et en particulier des pauvres, et cerner les urgences auxquelles elle doit faire face pour y répondre. Mais c'est le rôle des diacres de l'aider dans cette tâche. Ce sont les besoins de la mission d'aujourd'hui qui ont justifie la décision de retrouver un ministère disparu. *(le diaconat)*

Jésus est venu parmi nous jusqu'à l'abaissement de la mort pour ressusciter dans la gloire du Père. *(He 2,9-10)* Et dans ce mystère du salut, Jésus s'est mis au service des hommes. Il a voulu renouer les liens, offrir l'union la plus forte, source de ferment d'unité pour tous, pour toutes les familles.

Le diacre permanent n'est pas un enfant de chœur de luxe, ni un laïc promu à un grade religieux supérieur, ni un curé "demi-portion". Le diacre permanent est ordonné par l'Évêque pour donner un visage à l'Église servante ! Il est vrai que par le baptême, sans qu'ils soient ordonnés, tous les chrétiens sont invités à servir les plus pauvres. La différence entre un baptise laïc et un baptisé accepté à la formation en vue du diaconat est que ce dernier, étant ordonné par l'Évêque, sera reconnu officiellement par l'Église comme ayant véritablement le don du service. De plus, c'est de manière gratuite et permanente, à vie, que le diacre s'engage a ce service tandis que le laïc, s'il le désire, peut mettre fin à son engagement à tout instant. Enfin, le sacrement de l'Ordre qu'il reçoit accorde au nouveau ministre les grâces nécessaires pour l'accomplissement de sa mission. Depuis Vatican II, un homme marié peut être invité par l'Évêque, sa communauté ou tout simplement un appel personnel, à se mettre au service de l'Église en recevant l'ordination diaconale.

Après une préparation sérieuse, trois années de formation théologique, précédées d'une année de pré-cheminement, ou il réfléchit à l'authenticité de sa vocation avec l'aide d'une équipe, le candidat sera ordonné comme le prêtre ou l'évêque. Il sera reconnu par la Loi comme ministre du culte. Comme le précise clairement le Conseil diaconal de notre diocèse (diocèse de Namur-Luxembourg), il reste que le diacre ne doit pas être défini par ce qu'il fait mais par ce qu'il est. Il est avant tout un serviteur ; il est le signe de Jésus serviteur de tous.

Les diacres, aujourd'hui, même s'ils accompagnent les prêtres aux Eucharisties, même s'ils baptisent, bénissent des mariages et célèbrent les absoutes aux funérailles, ces bénévoles de Dieu s'éloignent aussi de l'autel pour se mettre au service des pauvres, étant bien entendu que ce mot doit être pris au sens large : ce peut être des personnes dans le besoin mais aussi les personnes âgées, les malades, les handicapés, les isolés, les sans emploi, les marginaux, les enfants, les jeunes en difficultés, les adultes en recherche et toutes celles qui sont aux marges de l'Église. C'est pourquoi on appelle aussi le diaconat permanent : l'apostolat du seuil.

Personne n'est digne ! Dieu n'attend pas que nous soyons dignes. Il se donne sans condition ! À nous de Lui répondre sans hésitation, tels que nous sommes, à nous d'être les témoins enthousiastes des merveilles qu'Il accomplit en nous, au-delà de nos imperfections.

Le diacre dans la liturgie

Voici quelques objets symbolisant le ministère diaconal : Ils expriment des facettes du ministère des diacres au milieu des autres chrétiens et de ceux et celles qui cherchent à bâtir un monde plus solidaire.

Un journal : c'est dans le quotidien de la vie et non dans une bulle que le diacre accueille et construit avec d'autres le Royaume de Dieu.
La Bible : le journal dans une main, la Bible dans l'autre main car la Parole de Dieu éclaire et stimule les choix de vie personnelle et communautaire. Elle nous dit que Dieu nous précède sur les chemins de la fraternité.

Le Saint-Chrême, l'huile parfumée dont on marque les baptisés : le diacre en lien avec le prêtre participe à cette entrée symbolique d'un enfant dans l'Église.

Une custode qui permet de porter la communion aux malades et aux personnes âgées. Sans en avoir le monopole, le diacre est appelé à visiter les personnes fragilisées et à porter le Pain de Vie aux personnes qui désirent le recevoir.

Le pain et le vin qui servent pour le repas eucharistique : avec eux le diacre dépose sur l'autel les joies et les souffrances des gens qu'il a rencontrés dans tous les milieux de vie.

> *Chers amis, telle est ma conviction : le diacre est d'abord le ministre ordonné de la charité. Comme tel il est le signe sacramentel du Christ Serviteur. Sa présence dans une liturgie eucharistique rappelle que la Cène du Seigneur est toujours lavement des pieds, que la liturgie qui ne s'achève pas en charité i trahit le mystère qu'elle proclame.*
>
> Pierre WARIN, évêque auxiliaire du diocèse de Namur-Luxembourg

À côté du prêtre, il est par excellence le serviteur de la coupe car Jésus, le Christ, le serviteur de Dieu a versé son Sang en aimant jusqu'à l'extrême. Le diacre, sacrement de ce Christ serviteur-diacre, est appelé à donner le goût de ce service en étant proche des plus petits. Une mission sacrée !

Le diacre et la messe

La proclamation de l'évangile est confiée au diacre par son ordination. Dans la proclamation à plusieurs voix de la Passion du Christ, le récit revient au diacre ainsi que l'annonce. Les paroles du Christ reviennent à un prêtre et les autres rôles à un ou plusieurs lecteurs. À la fin de la lecture de la Passion, il n'y a pas d'acclamation !
En dehors de l'Évangile le diacre interpelle l'assemblée et l''invite à la prière : avant la première oraison et la postcommunion, c'est lui qui dit ou chante "Prions le Seigneur" Le diacre exprime le Christ serviteur, c'est pour cela qu'il est au service particulier du calice. À l'offertoire, le diacre prépare tout l'autel. Il versera la goutte d'eau dans le calice en disant à voix basse les paroles "Comme cette eau..." *(voir missel)*. Le célébrant, restant à son siège pendant la préparation de l'autel, ne s'avancera que lorsque le diacre lui présentera la patène. Pour l'offrande du vin, le diacre élève le calice avec le célébrant. À la petite élévation, c'est le diacre qui élève le calice ; par contre, un diacre n'élèvera jamais la patène ou un ciboire. Il s'abstiendra absolument de dire ou de chanter "Par Lui, avec Lui et en lui..." et ceci, même si l'assemblée entière devait le dire avec le ou les célébrant(s). En cas de communion sous les deux espèces, c'est le diacre qui tend le calice à chacun des fidèles en disant : "Le sang du Christ" Il ne le dira pas à un ministre ordonné.

L'usage de la pale est de mise lorsqu'un diacre officie, car elle souligne le lien entre celui-ci et le calice. Le diacre la pose sur le calice après l'offertoire, l'enlève pour l'épiclèse, avant que le prêtre n'étende les mains sur lui et la repose après la consécration du vin. Il l'ôte encore pour la petite élévation, pour la fraction de l'hostie, et définitivement, pour la communion. Pendant toute la consécration, le diacre incliné tiendra devant lui la pale qu'il a retirée, marquant ainsi qu'il n'est pas là comme concélébrant mais au service du calice.
Les intentions pour la prière universelle sont confiées soit au diacre, soit à un lecteur. Si c'est un lecteur qui les exprime, elles seront introduites par le diacre, le célébrant

étant dans son rôle de les conclure par la prière de présidence. L'invitation à la paix revient officiellement au diacre.

Dans le cas d'une bénédiction solennelle (les mains étendues sur les fidèles), le missel précise que, lorsqu'il y a un diacre il dit ou il chante : "Recevez la bénédiction de la part du Seigneur" aussitôt après "Le Seigneur soit avec vous" du célébrant et la réponse de l'assemblée. Le nouveau rituel des bénédictions apporte la même précision. C'est également ce rite qui est utilisé aux mariages et aux baptêmes. Pour l'envoi, la formule "Allez dans la paix du Christ" devra être remplacée par "Bénissons le Seigneur" si la bénédiction ne termine pas la messe (procession, départ vers le cimetière… À la fin du dernier adieu des funérailles, l'envoi est la finale de la monition "Que tout geste d'amitié...". Si un diacre participe à cette liturgie, cet envoi lui sera confié.

Diaconat et diacres sur le Web

- Questions sur le diaconat → http://lesdiacres-cathisere.cef.fr/orga.htm
- Être diacre en France → http://www.diaconat.cef.fr/
- Le diaconat à Namur (Belgique) → http://www.diacresnamur.net/
- Diocèse de Tournai → http://www.diocese-tournai.be/diacres
- http://www.catholic-church.org/dg/Tidbits/Diacre_permanent.htm
- Au Québec → http://www.diaconat.org/information.asp

Pour aller plus loin…

Catéchèse

- **Bible et enfants** → http://www.catho-bruxelles.be
- **Bible illustrée pour enfants** → http://www.m1914.org
- **Caté ouest (France)** → http://www.cate-ouest.com/
- **Découverte de l'Évangile** → http : www.catho62-bruay.cef.fr
- **Dessin de la semaine** → http://www.lapin.bleu.bleu.over-blog.com/
- **Des idées pour la catéchèse** → http://www.idees-cate.com/
- **L'évangile au quotidien** → http://levangileauquotidien.org/
- **Mon site** → http://www.diaconos.unblog.fr/
- **Mots croisés bibliques** → http://riouxlp.chez.com/
- **Office de catéchèse du Québec** → http://www.officedecatechese.qc.ca/
- **Sites de catéchèse** → http://www.choisislavie.over-blog.fr/

Liturgie

- **Assemblée dominicale sans prêtre** → http://www.ddec.nc/
- **La Bible de la liturgie** → http://www.aelf.org/
- **Liturgie de la Parole avec des enfants** → http://www.liturgie-enfants.com/
- **églises catholiques du Var** → http://www.diocese-frejus-toulon.com
- **Préparer la messe du dimanche** → http://www.dimancheprochain.org/liens
- **Bible et liturgie** → http://www.portstnicolas.net/
- **Portail biblique francophone** → http://www.interbible.org/

Bibles en ligne

- **Ancien Testament** → http://www.levangile.com/Bible-Annotee.php
- **Nouveau Testament** → related:epelorient.free.fr/nta/nta.html
- **Bible Crampon** → http://jesusmarie.free.fr/bible_crampon_plan.html
- **Toutes les versions en français** → http://www.lexilogos.com/bible.ht

Remerciements

Mes remerciements à toutes les personnes qui m'ont soutenu dans ce projet, avec une pensée particulière pour Arlette Divoy, ma chère épouse, qui m'a conseillé si généreusement et patiemment dans le bon emploi de la langue française.

Cordial merci au Père François Thiry s.j. pour la relecture de mon manuscrit, ses conseils, et la rédaction de la préface

Toute ma gratitude aux Éditions Croix du Salut, consacrée à la diffusion d'œuvres chrétiennes, pour m'avoir offert leur collaboration. Je remercie chaleureusement madame Martine Fournier du service du lectorat pour toute l'aide apportée au formatage de mon manuscrit.

☦ *Michel Houyoux, diacre permanent*

I want morebooks!

Buy your books fast and straightforward online - at one of world's fastest growing online book stores! Environmentally sound due to Print-on-Demand technologies.

Buy your books online at
www.morebooks.shop

Achetez vos livres en ligne, vite et bien, sur l'une des librairies en ligne les plus performantes au monde!
En protégeant nos ressources et notre environnement grâce à l'impression à la demande.

La librairie en ligne pour acheter plus vite
www.morebooks.shop

KS OmniScriptum Publishing
Brivibas gatve 197
LV-1039 Riga, Latvia
Telefax: +371 686 204 55

info@omniscriptum.com
www.omniscriptum.com

www.ingramcontent.com/pod-product-compliance
Lightning Source LLC
Chambersburg PA
CBHW021145230426
43667CB00005B/260